Docteur
Gaston Weber

GÉNÉRALISTE ALSACIEN

Souvenirs de mes années passées, du berceau à la retraite

1914-1981

Préface de
Philippe Weber

Gens d'Alsace

Remerciements

Annabelle Weber, gardienne des archives,
Chantal Fehr pour sa relecture,
Séverine Delamare pour sa patience et ses relectures,
Isabelle De Cantelar pour ses corrections,
Joseph, Julie et Jocelyn Weber pour leurs avis, relectures et corrections,
Dr Louis Schittly et Dr Pierre-Paul Schlegel, pour leurs encouragements,
Dr. Konrad Schlude, pour ses recherches concernant la période Jestetten.

ISBN 978-2-493803-09-2

17 rue de Rosheim - 67000 Strasbourg
Tél 06 22 52 02 01

Préface

Ce n'est qu'après ta mort que nous avons découvert, bien caché dans ton antre-bureau, le texte de ta vie, laborieusement tapé sur ta vieille « Japy ». Je ne savais rien de tes guerres de médecin alsacien, balloté entre le coq tricolore et l'aigle germanique, et je pense que ces tranches de vie méritent publication, ne serait-ce que pour informer tes petits-enfants d'un siècle révolu, bien loin des convulsions nombrilistes de notre société Data-Cloud dépendante.

Ta guerre d'abord, la débâcle de nos armées, ta blessure, tes séjours en Stalags, ta libération en tant qu'alsacien et ta nouvelle déportation en tant que travailleur obligatoire en Allemagne, avec en prime un séjour en prison dans les griffes de la Gestapo et enfin ton évasion en Suisse avec nouvelle incarcération… Un roman, un roman alsacien…

Alsacien tu l'étais, discret, complexé même parfois, quand tes relations aux autres dépassaient le colloque singulier médecin-malade dans lequel tu excellais. Ma soeur et moi avons été élevés dans la langue de Molière, bien que nos parents s'exprimassent exclusivement en alsacien entre eux. Ce sont mes grands-parents qui m'ont initié aux infinies finesses du dialecte.

Tu t'es toujours tenu éloigné des honneurs et fonctions officielles auxquels pourtant tu aurais pu prétendre.

Tu as par contre toujours su cultiver les amitiés indéfectibles et les trop rares avis de « Gasti » étaient respectés, sollicités et suivis par ton cercle rapproché.

Fidèle, tu l'étais, et dès ta mobilisation en 1939, tu as choisi ton camp, celui de cette France qui comptait tant pour toi, frisant même quelquefois les excès des « Hurrah-Patriot-Alsaciens » que pourtant tu savais éviter et traiter avec humour et distance. Et ce n'est que dans les années 1960-1970 que tu consentis à te rendre pour la première fois depuis la guerre, en Allemagne, à Weil-am-Rhein, juste à la frontière, poussé par notre mère qui ne pouvait résister à l'attrait des gaines « Triumph » introuvables en France.

Fidèle aussi à ton épouse, à tes proches, à ta foi chrétienne, même si jamais tu n'en as fait d'ostentatoires démonstrations, et la présence discrète, éclairée et apaisante, lors de tous les événements qui ont rythmé notre vie pastorale, de ton cousin Monseigneur Weber, archevêque de Strasbourg, toujours affublé de son secrétaire, l'inénarrable chanoine Schmitt, a sans doute contribué à la stabilité de notre édifice spirituel.

Ton quotidien a également été facilité par la présence perpétuelle à tes côtés de notre maman avec qui vous formiez un couple symbiotique. Elle a su te décharger de toutes les tâches domestiques, en maîtresse de maison passionnée, tour à tour comptable, secrétaire, assistante, hôtesse téléphonique, cuisinière, auxiliaire de vie et grande organisatrice des relations publiques et de l'élevage des enfants. Trésor sans prix…

Tu as ainsi pu laisser libre cours à ta curiosité naturelle sans bornes allant des travaux de menuiserie, d'horticulture, de collectionnite aigue (livres, timbres, pièces, bagues de cigare, signatures, porte-clés, avis de décès…) aux essais artistiques (dessin, peinture à l'huile, sculpture), autant d'activités qui embolisèrent peu à peu l'espace vital, au grand dam de notre mère, mais heureusement la maison était grande.

A posteriori, ce qui devait m'impressionner le plus est ton incroyable rayonnement intellectuel couplé à une force de travail peu commune. Quand d'autres, après d'harassantes journées de labeur, somnolent béatement devant d'insipides programmes de télévision, toi, dans ton Q.G., tu menais jusqu'à point d'heure d'improbables batailles sous la houlette inspirée de tes deux mentors, Napoléon d'une part, si cher à l'Alsace, et le général De Gaulle. C'étaient les fameux « devoirs militaires ».

Jamais tu n'as failli au devoir de perfectionnement post-universitaire de tout médecin qui se respecte, lisant des tonnes de revues, annotant de multiples livres de médecine, prenant des kilomètres linéaires de notes, de ta petite écriture déstructurée par la pratique intensive, et que seul le potard du coin était capable de lire.

La Médecine, venons-y, fil rouge sacré de ta vie et à laquelle tu n'as jamais dérogé. Vocation certes, sacerdoce certes, mais la notion évidente que tu m'as toujours inculquée et qui m'a marqué est celle de DEVOIR. Devoir envers ceux qui ont placé leur confiance en toi, devoir de formation, devoir de disponibilité, devoir de connaitre ses limites, devoir de savoir, de savoir-faire et de savoir-être, devoir d'accompagnement jusque dans la mort qui t'a beaucoup interpellée…

Tu te rêvais en patron, en grand chirurgien ou accoucheur hors pair. Les circonstances historiques, indépendantes de ta volonté, t'ont fait opter pour la médecine générale, mais jamais par la suite tu ne devais regretter ce choix.

L'obstétrique pour laquelle tu te passionnais, et qui au début monopolisait ton énergie, a peu à peu, sous l'"effet conjugué de la technique et de la responsabilité pénale, quitté le giron de la médecine générale au profit de l'hôpital.

Qu'importe, point de regret, ni de ressentiment, toujours au service des souffrants, ne comptant ni ton temps, ni ta fatigue, tu as su te surpasser autant dans la gestion des épidémies de grippe, que la prise en charge des nourrissons ou la résolution des quelques cas rares qui requièrent d'intenses supputations diagnostiques. Nous en parlions parfois, moi, étudiant déjà formaté à l'impérialisme actuel des examens complémentaires et toi qui m'opposait des arguments tels ton fameux « Blitzdiagnose », diagnostique-éclair, qui s'impose de lui-même instantanément, et fruit intuitif d'une maîtrise sans faille de la pratique clinique et d'une très longue expérience. J'en souriais, mais jaune souvent, surtout après réception des résultats de laboratoire…

C'est en t'observant, en t'écoutant (parfois !!) que peu à peu et seulement après quelques années d'études, j'ai compris l'amour qui te liait à ce métier hors du commun. Nos échanges furent vifs parfois, moi, encore pétri d'élucubrations soixante-huitardes face à ta rigueur gaullienne quasi militaire… Les sujets ne manquaient pas et la révolution sociologique en cours à cette époque (avortement par exemple), ainsi que les progrès de la science et leurs implications orwelliennes ne pouvaient que nous opposer.

Ce n'est que beaucoup plus tard et après de nombreuses années de pratique que j'ai enfin compris ce que tu souhaitais m'inculquer par ton exemple, ta curiosité naturelle, tes qualités d'homme intègre formé au creuset du début du XXème et en ayant vécu toutes les péripéties.

Salut Papa, en espérant ne pas t'avoir trop déçu…

Ton fils Philippe

Origines

Du côté paternel et maternel, mes parents sont tous deux issus de vieilles et solides souches alsaciennes, terrienne, travailleuse et artisanale, de surcroit. Ainsi, à côté de leurs occupations agricoles, mes deux grands-pères avaient un métier. Mon grand-père maternel était maître menuisier-ébéniste, alors que celui du côté paternel était maître graveur et tenait, en plus d'une ferme assez importante, une auberge.

Des deux côtés, ils avaient quatre enfants. Mon père est né à Sausheim près de Mulhouse en 1883. Sausheim, fort probablement tient son nom d'un colon alémanique venu s'établir dans la région. Cité en 829 sous le nom de Souvinasheim ou Sowinasheim (la Maison de Sowina), le village a toujours appartenu aux Habsbourg jusqu'on 1648. Le village aurait aussi été une possession de l'Abbaye de Murbach. Dans la grande majorité, les habitants de la commune étaient occupés dans l'industrie ou dans l'artisanat, l'agriculture n'en demeurait pas moins très active dans le village. Il possédait sa propre usine, les établissements Dollfus-Noack et Cie, filature et tissage de laine.

Sausheim compterait parmi ses fils des cousins de la Famille royale anglaise, notamment dans la famille Weber par un certain John Lack, venu d'Angleterre et qui s'était établi en Suisse et plus tard en Alsace. Nous sommes en 1450 et le royal cousin eut des descendants. On sait que parmi eux, François-Joseph Lack (1764-l85l), Chef de bataillon au 44e Régiment, Officier de la Légion d'Honneur, fut Maire de Sausheim de 1820 à 1830. C'était le grand-oncle de Monseigneur J.J. Weber et par conséquent aussi de mon père, dont l'arrière-arrière-grand-mère, épouse de François-Joseph était elle-même née Lack. La probabilité de cette descendance illustre a pu émoustiller certains membres de la famille Weber. Mais tout

MÖBEL-ETABLISSEMENT
J. GROLLIMUND & Cie
25
J. VALENTIN
QUINCAILLERIE CENTRALE
PRODUITS

ceci reste sujet à caution et serait encore à prouver par des recherches ultérieures. Et à quoi cela nous avancerait-il ? Mgr Weber n'avait pas l'air non plus d'y attacher grande importance. Nous sommes tous cousins « à la Normande et aussi par Adam et Eve ! » disait-il.

Ma mère, Anne-Caroline Mattler, est née à Durlinsdorf en l891, dans le Haut-Sundgau, dans une bourgade paisible et authentiquement rustique, dominée par l'Église Saint Pierre et Paul, jadis fortifiée. Cité en 1147 sous le nom de Turlansdorf, et en 1144 sous celui de Durlensdorf (Village de Türlinda), le village faisait partie du Comté de Ferrette. Ma mère a eu du côté maternel une ascendance en partie suisse.

Je suis né le 21 Février 1914 à Mulhouse, deuxième ville d'Alsace dont le site a été occupé de toute antiquité depuis le néolithique. Elle apparaît en 803 sous le nom de « Mulinhuson » (de l'allemand « Mühle », moulin, et « Hausen », habitation). La cité doit donc son origine à un moulin dont on n'a jamais trouvé de traces, mais son emblème resta la roue à aubes. C'est un centre industriel, textile, chimique et de constructions mécaniques. 1746 fut le point de départ d'une industrialisation énorme. 1904, par suite de la découverte de gisement de potasse amena un nouvel essor.

Mulhouse devint le premier centre industriel d'Alsace. Depuis son origine jusqu'à nos jours, Mulhouse a changé sept fois de nationalité. En effet, en 1275 c'était une ville libre qui contracta en 1506 une alliance avec Bâle. Alliée aux cantons suisses, elle jouissait à la fin du XVIIIe siècle d'une complète indépendance.

En 1798, entraînée par une irrésistible sympathie pour les principes libéraux de la Révolution française, cette noble cité demanda de son plein gré son rattachement à la France.

Après le Traité de Francfort en 1871, Mulhouse a dû partager le sort des trois départements devenus allemands, jusqu'à la victoire, le 11 novembre 1918, où elle est redevenue française. Et une nouvelle fois, en 1940, elle redevient allemande sous Hitler, pour à nouveau en 1945, devenir française grâce à De Gaulle.

1275 : Mulhouse, Ville libre

1506 : Nationalité Suisse

1798 : Nationalité Française

1871 : Nationalité Allemande
1918 : Nationalité Française
1940 : Nationalité Allemande (Occupation)
1945 : Nationalité Française

De son passé historique, Mulhouse n'a conservé que l'Hôtel de Ville (1552), les vitraux de Saint-Etienne, la Chapelle Saint-Jean de l'Ordre de Malte, quelques maisons particulières et des Tours d'enceinte. Le Klapperstein ou Pierre des Médisants dont l'original est au Musée historique en constitue une originalité.

Enfance

C'est sous le règne de Guillaume Ier, Empereur d'Allemagne et Roi de Prusse, sous le régime administratif allemand imposé à l'Alsace par le Traité de Francfort de 1871, à la suite de la guerre de 1870 que je suis venu au monde.

Ma naissance, selon les dires de ma mère a été assez difficile, l'accouchement aurait traîné trois jours ce qui n'est plus concevable de nos jours. Un retard avant ma venue au monde en résulta donc déjà. Je n'y étais pour rien mais cela m'a poursuivi tout au long de ma vie. Je n'ai jamais rien eu sans effort, j'étais toujours en retard lorsque des occasions faciles se présentaient sur mon chemin.

De caractère labile je suis né sous le signe des poissons, de ces poissons qui vivent mystiquement dans les eaux sans cesse fluctuantes qui les rapprochent ou les éloignent du rivage qu'ils voudraient atteindre, d'où résultera l'inaccessible paix intérieure, porteur de cette difficulté à être, de cette instabilité intérieure.

Je suis resté enfant unique. Lorsque la Première Guerre mondiale éclata, je n'avais que 6 mois. Mon père, qui à ce moment avait 31 ans fut mobilisé dans l'Armée allemande, l'Alsace étant à cette époque germanique.

Ma mère, à 23 ans, après un an de mariage resta donc toute seule à Mulhouse pour m'élever. Elle aurait bien sûr pu aller chez mes grands-parents paternels à Sausheim près de Mulhouse, mais à la même époque, le Sundgau où résidaient mes grands-parents maternels, dut être évacué. Ils durent abandonner leur demeure et leurs biens, n'ayant le droit d'emporter que des bagages très restreints pour se rendre, avec d'autres réfugiés à Eberbach, ville allemande dans la région d'Heidelberg. Comme ils avaient déjà un certain âge et qu'ils étaient tout seuls, un de mes oncles s'étant réfugié en Suisse pour déserter l'Armée allemande, alors que la sœur aînée de ma mère, mariée à un Suisse, résidait à Berne et qu'enfin le plus jeune frère qui n'avait alors que 17 ans fut également mobilisé dans l'Armée allemande (pas question de soutien de famille à cette époque), ma mère se sentit obligée d'accompagner ses parents vers l'inconnu d'une vie nouvelle, où toutes sortes de privations les attendaient.

Ce fut le premier Exode de ma vie à peine commencée. On me rapporta que lorsque mon père vint pour la première fois en permission, il était pour moi, ne l'ayant jamais vu auparavant, un inconnu. On comprend aisément sa déception.

Nous restions à Eberbach pendant toute la durée de la guerre, c'est à dire pendant quatre longues années. Mon grand-père, maître ébéniste, travailla sur son métier, mais comme salarié. Les ressources n'étaient évidemment pas florissantes et ne se comparaient en rien à ce qu'elles auraient pu être dans leur Sundgau lointain, où ils ont dû abandonner l'atelier de menuiserie, leur train de culture, leur bétail, etc. En temps normal, les vaches leur fournissaient le lait, le jardin les légumes, les champs, les pommes de terre, le blé et la farine. Le pain se faisait à la maison tous les vendredis ainsi que de bonnes tartes. La viande par les porcs, les animaux de basse-cour, les lapins, était également présente. Chez eux ils auraient très bien pu se débrouiller au point de vue alimentaire, même si tout était rationné et calculé au plus juste, alors que dans leur nouvelle situation tout manquait. Il fallait se débrouiller avec les moyens du bord et ils étaient limités.

Aussi ma mère était-elle obligée de travailler beaucoup, de faire des kilomètres pour se procurer un peu de lait supplémentaire pour son bébé. De cette époque, je n'ai pas grand souvenir.

En 1918, pour revenir en Alsace, la guerre terminée, nous étions obligés de transiter par Strasbourg. Comme le lieu d'hébergement des Réfugiés retournant chez eux, dans leur « Heimat », était le Grand Séminaire de la Cathédrale de Strasbourg nous avons été obligés de passer une ou deux nuits dans ses locaux. Et je pense, qu'une fois les formalités provisoires réglées on nous a lâchés vers nos destinations respectives.

Les conditions d'existence pour mes grands-parents et pour ma mère étaient évidemment précaires au début. Tout était à refaire ! Ils retrouvèrent à Durlinsdorf leur maison vide et vidée... Morte. Les maisons

Mes grands-parents, mes parents, mon oncle, à Eberbach.

avaient été occupées par des militaires, de sorte que l'on peut aisément concevoir ce qui restait à récupérer après quatre années de guerre et d'occupation.

Ma mère resta seule à Mulhouse. Il lui fallait également récupérer ses meubles et caisses qu'elle avait fait entreposer dans un garde-meuble lors de son départ avec ses parents quatre ans auparavant. Elle non plus n'avait pu emporter à l'époque que les choses strictement personnelles et son enfant. Elle a pu récupérer les meubles, mais dans les caisses il y avait malheureusement beaucoup de casse.

Mais la vie devait reprendre, et mon père n'était pas encore de retour de la guerre. Quand il revint enfin au foyer, il lui fallut d'abord récupérer des fatigues de quatre années de tranchées en Pologne, Russie et ailleurs, mal nourri, affaibli et amaigri (les soldats au front touchaient vers la fin environ 1 kilo de viande pour 250 personnes).

Ensuite, il fallait retrouver du travail. Les Bureaux et les Usines Textiles qui occupaient mon père avant la guerre étaient démolis et il fallait attendre leur remise en fonction, ce qui ne s'est pas fait pas du jour au lendemain. Aussi, en attendant de retrouver son emploi antérieur, il cherchait ailleurs. Il n'y avait pas les allocations de chômage comme de nos jours. Il a passé notamment un concours pour entrer dans la Gendarmerie et un autre pour être interprète. Il les a réussis tous les deux. Dans la Gendarmerie, on lui promettait tout de suite le grade de Chef. Comme je connaissais mon père, la Gendarmerie ne lui aurait pas déplu. Mais nous aurions dû quitter Mulhouse et ma mère affolée par un nouveau départ dans l'inconnu, s'y opposa.

Entre temps le Textile commença à reprendre et mon père reprit son poste aux Filatures et Tissages de Wittenheim, où il devint fondé de pouvoirs et où il restera jusqu'à sa retraite à 68 ans, après 50 années de loyaux services.

Scolarité

Pour moi vint l'âge d'aller à l'école. Je ne connaissais évidemment rien de la langue française, n'ayant parlé jusque-là que l'Alsacien. A six ans et demi on me mit à l'École des Frères à Mulhouse, pendant deux ans. A cette époque, cette école libre était tenue exclusivement par des Frères. J'ai gardé un très bon souvenir des années passées dans cette Institution où on nous apprit à bien écrire, ainsi que l'orthographe (choses importantes à cette époque), mais aussi l'Histoire Sainte et le Catéchisme. (Ce qui ne faisait de mal à personne !).

Les Frères étaient sévères, mais justes et nous les respections (A l'inverse de ce qui se passe actuellement dans l'enseignement!). L'instruction civique était excellente et les punitions, dont on écopait de temps à autre, étaient plus que justifiées. Personne ne réclamait, pas même les parents, bien au contraire. Il fallait de la discipline. Il s'agissait de former le caractère des enfants, mais aussi de former des hommes. Notons également que durant ces deux premières années on nous enseignait déjà l'allemand. Les notions ainsi acquises dans cette langue, me seront très utiles pour plus tard, au Lycée, où l'enseignement de l'allemand ne se fera qu'en sixième.

Après ces deux ans on me mit en 8ème au Lycée de Mulhouse que je ne quittais plus jusqu'à la Fac. Je ne fus pas un mauvais élève et souvent même bon. Dans les classes élémentaires les maîtres s'occupaient sérieusement des élèves. Je salue en passant quelques vieux maîtres de cette époque : Mrs.Vougnon, Grandadam, Pariselle, Bruxer…

Ces maîtres furent admirables. Ils nous ont enseigné l'élémentaire en nous donnant l'essentiel : le sens de l'effort, la passion d'être premier, le respect des vertus, le culte des grands hommes. Ils eurent une pédagogie qui honorait une morale. Nous sommes entrés dans la vie par leur noble petite porte. Dans les classes supérieures, de la troisième jusqu'en terminale, l'enseignement dispensé par nos professeurs était solide et selon mes souvenirs, je crois savoir que le Lycée de Mulhouse était à l'époque un des meilleurs de France.

Je n'ai jamais redoublé de classe. A 18 ans j'avais mon Baccalauréat. Rappelons que je n'ai été admis à l'école qu'à six ans et demi. En effet, l'école maternelle n'existait pas comme aujourd'hui, il fallait avoir 6 ans révolus pour entrer à l'école. De même la Communion Privée était inexistante : on était mûr à 14 ans et pas avant.

Le Baccalauréat à cette époque se faisait en deux parties : la Première après la classe de Première et la Deuxième l'année suivante (classe de Philo ou Mathélem) en ayant évidemment au préalable réussi la Première.

Pour ma part j'ai fait Philo (série lettres). Dans les deux épreuves il y avait une épreuve écrite et orale, cette dernière se passant obligatoirement à Strasbourg après l'admissibilité à l'écrit. De cette manière de nombreuses possibilités d'échecs pouvaient advenir.

Citons quelques professeurs qui nous ont amenés jusque-là : MM. Kuentz, Herrbach, Weill, Boltz, Aron, Franck-Neumann, Hoffmann, Monain, Debay, Sutter, Etienne, Klein, etc. Et surtout notre Professeur de Philo, Mr. Roger Dumont qui mit un point d'honneur à vouloir nous faire passer tous le Bac ; et il y réussit. Il nous inculqua certaines idées philosophiques de base qui servirent à plus d'un d'entre nous pour orienter sa vie future. Ce fut aussi lui qui conseilla à ceux qui voudraient s'orienter vers la Médecine d'apprendre les racines grecques, ce que je fis et qui m'a servi pour affronter plus facilement par la suite le jargon médical (encore pur à l'époque, non encore pollué par le franglais et autres).

Il n'y avait en ce temps que deux séries de Baccalauréat, Philo et Mathélem, comme elles avaient été instituées en 1808 par Napoléon. Seulement les deux séries ouvraient indifféremment la voie vers les Lettres ou les Sciences. Alors qu'actuellement des compartimentations plus ou moins savantes perdent plus d'un candidat.

Question sport, je n'étais pas un grand sportif. Néanmoins, en classe terminale où les leçons d'Education physique consistaient en un match de Handball opposant la classe de Philo à celle de Mathélem, je tenais le rôle de gardien de but. A part cela en dehors de l'école, je faisais partie de l'équipe universitaire de football du Lycée de Mulhouse, où je jouais ailier gauche. En outre, avec mon ami Oscar Roos, actuellement Chirurgien-Dentiste nous détenions le titre de champion de saut en hauteur et spécialement le saut par-dessus les chevaux d'arçons.

A cette époque je savais encore plonger, sauter et courir. Mais ces dons ne furent pas exploités. Il est vrai que j'avais autre chose de plus important à faire. Malgré ces dons, je suis actuellement bien handicapé par la marche.

Sur 25 élèves en classe de Philo, près de la moitié ont choisi des carrières médicales. Ce sont : Médecine : Lutz Jean - Médecin-Biologiste, Schlienger Raymond,Uhl Théo, Pédiatre, Weber Gaston, Omnipraticien-Généraliste, Weinreber Pierre. Dentiste : Roos Oscar. Pharmacie : Dreyfuss Louis, Huss Bernard, Hirsch André, Notter Jean-Joseph.

De cette période scolaire, il me reste quelques souvenirs dont celui d'un événement qui aurait pu m'être fatal. En effet, en classe de 7ème, j'ai subi ma première agression sérieuse : appendicite perforée avec péritonite. Le Professeur Kleinknecht m'opéra d'urgence, mais sans grand espoir. Il fallut intervenir une deuxième fois. Méchage, drainage et soutien cardiaque furent les seuls moyens dont on disposait à l'époque. Les antibiotiques n'existaient pas encore. Je m'en suis néanmoins tiré.

Pendant cette période de ma jeunesse, je passais souvent mes vacances chez mes grands-parents. A Durlinsdorf, j'occupais une partie de mon temps à la menuiserie, à voir mon grand-père et mon oncle travailler le bois et parfois à leur donner un petit coup de main. Comme ils avaient des bêtes : vaches, cochons, lapins, animaux de basse-cour, il fallait aussi s'occuper de ces pensionnaires. D'autre part, j'ai pu assister à tous les travaux de ferme : à la fenaison, on fauchait le foin à la faux de très bon matin. Le foin était séché, retourné, chargé et ramené à la grange, puis déchargé, etc. Au moment de la moisson il en fut de même : faucher le blé, le battre, aller le moudre chez le meunier. Une autre fois, on tuait le cochon, puis c'était la récolte des pommes de terre et des fruits. Tous ces travaux étaient beaucoup plus durs qu'aujourd'hui, il n'y avait pas de tracteurs, de faucheuses, de moissonneuses, etc. Tout était plus artisanal, moins technique, plus près de la nature. Toutes les semaines étaient cuits le pain et des tartes au four. On peut encore aujourd'hui rêver à ce bon pain paysan frais que l'on ne trouve plus guère de nos jours.

Le reste du temps je jouais avec les petits villageois à toutes sortes de jeux d'enfants. Un jour, en jouant à cache-cache dans une grange, je suis tombé sur la tête d'une hauteur de trois mètres, juste à côté d'une faux qui aurait pu me décapiter. J'étais un peu sonné et m'en suis tiré avec une plaie au front qu'une paysanne nettoya et recouvrit d'un petit pansement. Pas question de médecin ni de sérum antitétanique (nous n'étions pas vaccinés contre le tétanos !).

Une autre fois en hiver, nous lugions et en pleine descente mon traîneau dérapa et me voilà plongé jusqu'au cou dans un fossé plein d'eau glaciale. N'osant pas rentrer ainsi trempé, je fus recueilli par une voisine de mes grands-parents. On me déshabilla, on mit mes vêtements à sécher, et on me plaça derrière le fourneau. Quand tout fut bien sec, vêtements et bonhomme, on me lâcha.

Dans le village exerçait également un sabotier. A partir d'un bloc de bois il confectionnait des sabots sur mesure. Encore un artisanat qui a disparu, n'étant plus rentable. Mes grands-parents paternels tenaient à Sausheim un restaurant et une exploitation agricole assez importante. De mon temps il n'y avait plus de chevaux, ni de vaches, la partie agricole n'était plus exploitée, les grands-parents ne pouvant plus le faire et leurs enfants ne s'y intéressant pas. Ils ne tenaient plus que le restaurant.

Les granges et les écuries étaient vides et nous servaient à mes copains et à moi à organiser des jeux. Mais durant la guerre ces locaux avaient été occupés par les troupes, de sorte que mes camarades et moi nous y avons trouvé après les hostilités, des objets plus ou moins insolites laissés par les militaires. Ainsi, dans l'ancienne chambre des valets de ferme nous sommes tombés sur des cigarettes et des munitions, des balles de fusil. J'avais alors 8 ans, et bien sûr, on s'est mis à fumer en cachette. Mais ce qui est plus grave et qui aurait pu provoquer des accidents, on s'est attaqué aux munitions d'une façon inédite. Pour extraire la poudre des cartouches on frappait dessus avec un marteau, et avec des tenailles, on enlevait la balle puis on vidait les cartouches de leur charge (petits carrés noirs). Après cet exploit on y mettait le feu en inhalant cette bonne odeur de poudre. Ou bien, ce qui était plus fort et également bien dangereux : nous faisions un feu dans le jardin et y jetions les munitions entières. Puis on courait vite se réfugier derrière les arbres en attendant l'explosion et que les balles partent.

Lycée de Mulhouse, Première B, 1931.

Une autre fois j'eus encore de la chance. Après l'Armistice de 1918, les troupes françaises se déplaçaient à travers les villages pour rejoindre leurs casernements. Des cantonnements furent ainsi organisés. Au cours des haltes, les hommes et les chevaux logeaient chez l'habitant. Il en fut de même dans la ferme de mes grands-parents, où hommes et bêtes furent hébergés. Ainsi les chevaux furent-ils bien rangés dans les écuries. Mais mes camarades et moi avions trouvé un jeu qui consistait à embêter les chevaux en les chatouillant avec des pailles. Cette manœuvre agaçait les bêtes et les faisait ruer. Cependant, à un moment donné un des canassons rua plus fort, et ne m'étant pas sauvé assez rapidement, il me porta un grand coup de sabot sur le ventre en me projetant vers un mur. Je fus un moment abasourdi et pâle comme un linge, mais les copains se turent. Il n'y eut heureusement pas de suites mais à partir de ce jour-là nous ne touchions plus aux chevaux.

Nous portâmes alors notre dévolu sur les moutons et le bouc qui se trouvaient encore à la ferme. On essayait de faire de l'équitation sur leur dos. Mais ces gentilles bêtes ne se laissérent pas faire et nous projetèrent dans le fumier.

A Mulhouse, nous faisions également les quatre cents coups : je suis tombé à deux reprises dans le canal du Rhône-au-Rhin tout en ne sachant pas nager. Une autre fois j'ai failli me noyer dans l'Ill. Les jeunes du quartier du Nordfeld, où nous habitions, se rencontraient généralement dans des terrains vagues non construits. On organisait des batailles, au lance-pierre. C'était sérieux. Je me rappelle qu'un jour notre groupe a été attaqué par derrière et j'ai pris une blessure du cuir chevelu par un caillou lancé par une fronde. Mais personne ne broncha, l'affaire fut classée sans suite.

Une fois le Baccalauréat en poche, les choses devinrent plus sérieuses. A quoi allais-je me destiner ? Mon père aurait bien voulu que je m'engage dans la branche textile. Mais hélas, la crise commençait déjà à sévir à cette époque-là, donc peu d'espoir dans cette orientation.

Moi-même, étant assez fort en langues, je me voyais déjà engagé dans cette direction. Mais, en fin de compte, sur l'insistance de ma mère, (qui avait toujours eu des dons de guérisseuse !), et s'intéressait beaucoup à tout ce qui touchait la médecine, je me suis laissé convaincre par la beauté de la Médecine, par le bien que l'on peut faire, par l'esprit d'abnégation, de sacrifice, etc. Elle suscita ainsi en moi une vocation que j'entrepris de suivre et que je n'ai jamais regrettée, du moins dans la forme où se pratiquait la Médecine à cette époque.

La destinée tient souvent à bien peu de chose, et les carrières qui sont toutes droites, ne sont rectilignes qu'en apparence.

Études médicales

Me voilà donc inscrit à la Faculté de Strasbourg, et d'abord à la Faculté des Sciences pour la première Année préparatoire aux études de Médecine : P.C.N. (Certificat de Sciences Physiques-Chimiques et Naturelles). Durant cette année on nous apprit ou réapprit la Physique et la Chimie, déjà traitées en Première et en Philo, ainsi que la Zoologie (systématique, classification des animaux, etc.) et la Botanique (classification des plantes). Mais on ne parlait jamais des éventuelles vertus thérapeutiques des plantes qui auraient pu intéresser de futurs médecins. Au point de vue biologique on traitait l'étude de la matière vivante, la cellule, la reproduction. Nous disséquions des tanches, des sangsues, des cœurs de mouton, des cerveaux, etc.

En fait, durant cette année préparatoire on s'adressait plus à la mémoire qu'à l'intelligence. Les épreuves de fin d'année furent pratiques et orales et portaient sur toutes les matières traitées. Après cette année préparatoire j'entrai à la Faculté de Médecine pour cinq ans.

En Première année nos maîtres furent remarquables. Ils nous enseignaient l'Anatomie, l'Histologie et l'Embryologie. Nous admirions la dextérité du Professeur Bellocq qui, avec aisance et précision esquissait des planches anatomiques tout en donnant des explications s'y rapportant. Les cours du Professeur Forster André, qui a eu le mérite, après avoir été médecin praticien à Masevaux, d'accéder à la Chaire d'Anatomie de Strasbourg, étaient plus folkloriques, mais néanmoins bien faits. On avait même trouvé un moyen mnémotechnique pour retrouver les noms des lobes du cervelet : « les laïus cocasses de Forster terrifient par leurs néologismes. »

Les cours d'Histologie faits par les Professeurs Aron et Bouin étaient très clairs. Quant à l'Embryologie du Professeur Ancel, qui était sûrement

Hôpital de Strasbourg, stage en Médicale A, 1934-1935.

un grand érudit, elle était enseignée de façon un peu confuse. Il faut cependant reconnaître que cette matière n'est pas d'un enseignement facile.

Au moment des examens nous fûmes gratifiés en plus et pour la première fois d'une innovation : alors que jusqu'à présent les épreuves étaient pratiques et orales, nous dûmes passer une épreuve écrite supplémentaire. Chance !

Tout au cours de cette Première année, nous avions tous les jours une séance pratique de dissection sur le cadavre. De ces séances de dissection, quelques souvenirs cocasses me reviennent à l'esprit. Tout d'abord signalons que nous n'avions pas le droit de mettre des gants : tout se faisait à mains nues sur des cadavres qui avaient mijoté pendant un certain temps dans un bain de formol et d'antiseptique. Lors du premier contact avec les macchabés nous fûmes frappés par leur odeur, qui malgré des lavages fréquents de nos mains, imprégnait ces dernières de façon indélébile. Il fallait donc s'y habituer, et au moment des repas elle ne nous abandonnait pas non plus et chaque bouchée vous rappelait le cadavre. Nous travaillions à sept étudiants autour d'un cadavre si mes souvenirs sont bons. Le corps était couché sur une table et la tête reposait sur un billot en bois. Or, un jour, ce fut tout au début de l'année scolaire, les sept étudiants venaient à leur table de travail, préparaient leurs instruments – pince et scalpel – quand soudain le billot pour une raison inconnue, n'étant peut-être pas bien callé, glissa, en entrainant le corps du cadavre. Ce fut la débandade des sept carabins. Ils étaient affolés. Sans doute avaient-ils crû que le mort allait se réveiller. Par la suite tout le monde s'y habitua.

La dissection se faisait de la périphérie, de la surface du corps, vers la profondeur et tous les jours il fallait recoudre la peau pour éviter la dessiccation. Lorsque les parties superficielles du corps étaient explorées, les membres étaient détachés du corps pour être étudiés séparément et il fallait toujours là aussi recoudre la peau.

Les membres devaient alors être rangés dans une fosse d'environ un mètre cinquante de profondeur, et étaient suspendus au moyen de crochets de boucher à des barres en bois placées en travers. Evidemment le plancher de ces fosses était plein de graisse dégoulinant des membres qui y étaient suspendus.

Or un jour, un de nos camarades voulant chercher son instrument de travail, ce dernier, en l'occurrence un bras, lui échappa des mains et tomba dans la fosse. Comme il ne pouvait pas l'attraper, il dût enjamber le mur de la fosse et y descendre. Ce faisant il dérapa sur la graisse et s'étala dans toute sa longueur. Le résultat ne se fit pas attendre. On s'empressa vite de refermer le couvercle, laissant la victime crier et se débattre dans sa fosse. On le libéra à demi asphyxié. Amusement de carabin !

La Deuxième année de Médecine ne fut pas chanceuse pour moi. On y traitait la Chimie et la Physique biologiques, ainsi que la Physiologie et la Bactériologie. En fin d'année, au moment des examens, « manque de pot », je tombe malade. A peine avais-je passé deux épreuves de travaux pratiques que je fus pris d'une forte fièvre et d'un état de lassitude m'empêchant de poursuivre et de passer les épreuves écrites et orales. Je fus cloué au lit à la maison, chez mes parents pendant deux mois, sans qu'aucun diagnostic ne fût jamais fait pendant tout ce temps. Tous les examens pratiqués s'avéraient négatifs. Il ne restait comme traitement que le repos au lit. Heureusement pour moi, la nature est bonne mère, et la température revint lentement à la normale ainsi que l'appétit, de sorte qu'en octobre j'ai pu passer et réussir tout l'examen. Car à cette époque il y avait encore des Sessions de mars.

A mon retour à la Faculté, j'ai moi-même fait mon diagnostic : en effet, une cuti-réaction faite en Première année, lors de la Médecine Préventive était négative. Personne ne s'en souciait ! Lors de ma rentrée j'ai fait refaire une cuti, qui s'avéra fortement positive. Le diagnostic était donc fait, j'avais fait ma primo infection. Il n'y avait aucune atteinte pulmonaire, sans doute abdominale. Nous étions trois, dans cette même année à tomber malade, dont deux ont dû être hospitalisés en Sanatorium. A noter que le comble de l'insouciance fut, qu'au cours de cette deuxième année de Médecine, des étudiants à cuti négative furent envoyés en stage au Sana Saint François chez des tuberculeux. On n'avait pas contrôlé au préalable la cutiréaction ! De nos jours pareille imprudence ne serait plus permise. On n'autoriserait personne à faire un stage dans un Service de Tuberculeux sans s'être assuré de la positivité de la cuti ou sans vaccination obligatoire par le BCG. Il faut dire cependant, qu'à cette époque, le BCG était à peine connu et encore peu pratiqué. Il existait néanmoins un Vaccin oral, le Bilivaccin qu'on aurait quand même pu proposer, et appliquer. – Chance !

Hôpital de Strasbourg, stage en Médicale B.

Ce fut ma deuxième agression corporelle, qui s'est heureusement, également soldée sans suites, contrairement à mes deux camarades. Un autre étudiant mourut à la même époque d'une méningite tuberculeuse, incurable à cette époque.

La Troisième année était consacrée presqu'exclusivement à l'Anatomie Pathologique et à l'Histopathologie, ainsi qu'à la Parasitologie. Comme en Première Année, nous étions à nouveau confrontés aux cadavres, mais cette fois aux cadavres frais et le port des gants était obligatoire, à cause des risques d'infection. On nous familiarisa avec le substrat des différentes maladies qui peuvent atteindre l'homme. Les Quatrième et Cinquième Années parfirent nos connaissances théoriques (Pathologie, Sémiologie, Thérapeutique, etc.)

Durant toutes ces années, déjà à partir de la Deuxième, nous faisions des stages dans différents Services, destinés à nous donner les notions de Sémiologie indispensables. Mais on mettait très peu la main à la pâte. On examinait des malades, bien sûr, on faisait des observations, on analysait des urines, mais pour faire une injection intraveineuse ou même intramusculaire, il fallait se battre. J'ai eu la chance, si on peut appeler cela de la chance, qu'au cours de la Deuxième année mon père fit une pneumonie (la seule maladie sérieuse de sa vie) et ce fut moi qui lui faisais les piqûres. Ainsi, c'est sur mon père que j'ai fait mon premier apprentissage pratique, et il n'en était pas mécontent. Je ne me débrouillais pas trop mal.

Les Cours de Clinique étaient dispensés tous les jours. On nous présentait des cas concrets. Le Professeur invitait l'un d'entre nous à descendre dans l'Amphithéâtre auprès du malade, pour discuter de son cas. Parmi les cours qui nous apportaient le plus, il faut citer ceux des Professeurs Mercklen en Médicale A, du Professeur Reeb en Gynécologie et surtout les cours du Professeur Leriche en Chirurgicale A. Le Professeur Leriche était en tous points une forte personnalité. Il ne se perdait jamais dans les détails, mais lorsqu'on sortait de son cours on possédait une idée claire et précise sur « un » sujet. Pour le Professeur Leriche, ceux qui enseignent les spéculations les plus hautes sont aussi ceux qui doivent distribuer les premiers conseils élémentaires. Aller droit à ce qui est essentiel, et étreindre d'emblée ce qui paraît être la vérité. Après un interrogatoire détaillé, il faut aller droit au fait, en élaguant les choses accessoires.

D'autres, comme Ambard, Barré, Peautrier, etc. furent également des grands noms de la Médecine. Tous ces enseignements étaient de grande classe. Les leçons qu'ils nous donnaient avaient l'immense mérite de tendre toujours à nous former l'esprit. Je leur dois le meilleur de ma formation : la discipline de l'observation.

Très souvent, de bonne heure le matin, je me rendais à la Polyclinique Chirurgicale A où le Dr Stulz, un excellent chirurgien, me laissait faire quelques petites interventions de petite chirurgie. De même je suivais les Consultations de Polyclinique dermatologique tenues par le Professeur Rœderer. Evidemment tout ceci était bénévole, mais bénéfique et enrichissant et surtout m'approchait de ma future profession.

Pendant les vacances je faisais des stages bénévoles au Service de Chirurgie du Hasenrain, dont le Chef était alors le Professeur Kleinknecht. Je prenais des observations dans le Service de Paul Muller, alors dernier Assistant. Au Pavillon des infections chirurgicales avec la regrettée Sœur

Les années Faculté...

Scholastique, je soignais des panaris, anthrax, plaies suppurées de toutes sortes, etc., en somme des affections que le médecin peut rencontrer journellement dans sa clientèle. Là aussi j'ai appris pas mal de choses surtout que Sœur Scholastique fut une infirmière remarquable, dévouée, douée et très au courant, très calée pour ce genre d'affections.

Un des derniers stages obligatoires après la Cinquième année, fut le stage d'Accouchement de 15 jours à la Clinique Gynécologique de Strasbourg. Ce stage pratique soi-disant, ne fut pas très rentable. Mon camarade et moi nous couchions au rez-de-chaussée de la Maternité, tandis que les accouchements se pratiquaient au troisième étage. Évidemment pas question d'ascenseur pour nous. Lorsqu'un accouchement était en cours, la sage-femme aurait normalement dû nous prévenir. Malheureusement on nous appelait toujours quand tout était terminé. Si une des sages-femmes ne m'avait pas voulu du bien, je crois que je n'aurais même pas vu un seul accouchement pendant tout ce stage destiné pourtant à nous initier aux accouchements. Aussi, après ce stage, j'aurais sûrement été incapable de mener à bien un accouchement, même normal.

J'ai eu tort de ne pas me présenter au Concours de l'Externat et plus tard de l'Internat. J'aurais certainement, sans me vanter, réussi, comme bien d'autres et d'ailleurs le Professeur Barré me sermonna au moment où je passais un examen clinique et me traita de paresseux parce que je n'avais pas fait l'Internat. Mais tout cela venait du fait de ma maladie en Deuxième Année et après je n'en eut plus le courage. Les Internes avaient la chance de toucher plus et tout de suite aux problèmes pratiques. Et je pense que là, il y avait une lacune dans l'enseignement. Nous n'étions que très peu confrontés avec la pratique, réservée à peu près aux seuls Internes.

Ayant toujours eu l'idée de devenir Médecin Omnipraticien « Généraliste », c'est-à-dire le médecin qui sait soigner « tous les maux », il était regrettable que la théorie et la pratique ne se complètent pas. Ainsi certaines maladies, pour de futurs médecins, sont absolument indispensables à connaître, surtout les affections courantes. La plupart du temps on ne les enseignait pas. On s'étendait en revanche sur des raretés, des trouvailles à noms ronflants que l'on ne rencontrerait vraisemblablement jamais durant toute une carrière de médecin, ou tout au moins tellement rarement. On ne nous présenta par exemple jamais d'angine, ni d'appendicite, d'ulcère d'estomac, de conjonctivite etc. Affections que le futur praticien rencontrera journellement plus tard.

De même, on ne voyait jamais les Urgences : appendicites aiguës ou perforées, péritonites, hernie étranglée, estomac perforé etc. Des stages de nuit n'étaient pas non plus prévus alors que les urgences arrivent le plus souvent de nuit.

A part cette lacune du point de vue de la pratique, les leçons que nos Maîtres nous donnaient, avaient l'immense mérite de tendre toujours à nous former l'esprit médical.

Avec le bagage ainsi acquis, l'étudiant en fin de scolarité avait le droit de remplacer des confrères établis et de se lancer à l'assaut de la pauvre humanité souffrante. Alors, pas étonnant qu'un de mes amis, ayant accepté de remplacer un médecin, abandonnât, affolé, son poste, ayant perdu les pédales en constatant son incompétence.

Pour ma part, j'avais décidé de ne faire de remplacement que beaucoup plus tard, après avoir acquis une formation solide au point de vue pratique.

Premières armes au Hasenrain

En Juin 1938 j'ai eu la chance de trouver un poste d'Assistant au Hasenrain à Mulhouse. D'abord comme Assistant de vacances, puis à titre définitif au Service de Chirurgie où le Docteur Stricker, élève de Leriche, était Médecin et Chirurgien Chef.

A partir de ce moment commence mon apprentissage pratique, ma confrontation avec la pratique médicale hospitalière avec stage permanent, y compris stage de nuit, absolument nécessaire à la connaissance de l'urgence, de si grande importance pour les praticiens de tous rangs.

On me confia le Service des fractures ainsi que celui des infections et petite chirurgie qui m'était déjà familier par mes stages antérieurs pendant les vacances. J'y ai appris à observer et à traiter des infections de toutes sortes et à suivre leur évolution jusqu'à la guérison.

J'ai assisté à l'apparition des premiers Sulfamides (Danegan). C'était une révolution dans le traitement des infections de toutes sortes, mais surtout spectaculaire dans celui de la Blennorragie. Les panaris, les anthrax, les furoncles étaient incisés et on pratiquait couramment des injections de Propidon pour lutter contre l'infection. Les plaies furent méchées, drainées quotidiennement. De nombreux stades dans l'évolution des infections sont actuellement décapités depuis l'avènement des Antibiotiques.

En effet, il n'était pas rare de devoir procéder à l'amputation d'un membre par suite de la virulence du germe qui ne pouvait être combattu à l'époque. Par exemple, une infection du pouce, un panaris, malgré des incisions très larges, pouvait se propager à tout le membre supérieur et nécessiter son amputation si on voulait sauver la vie du patient. Un de

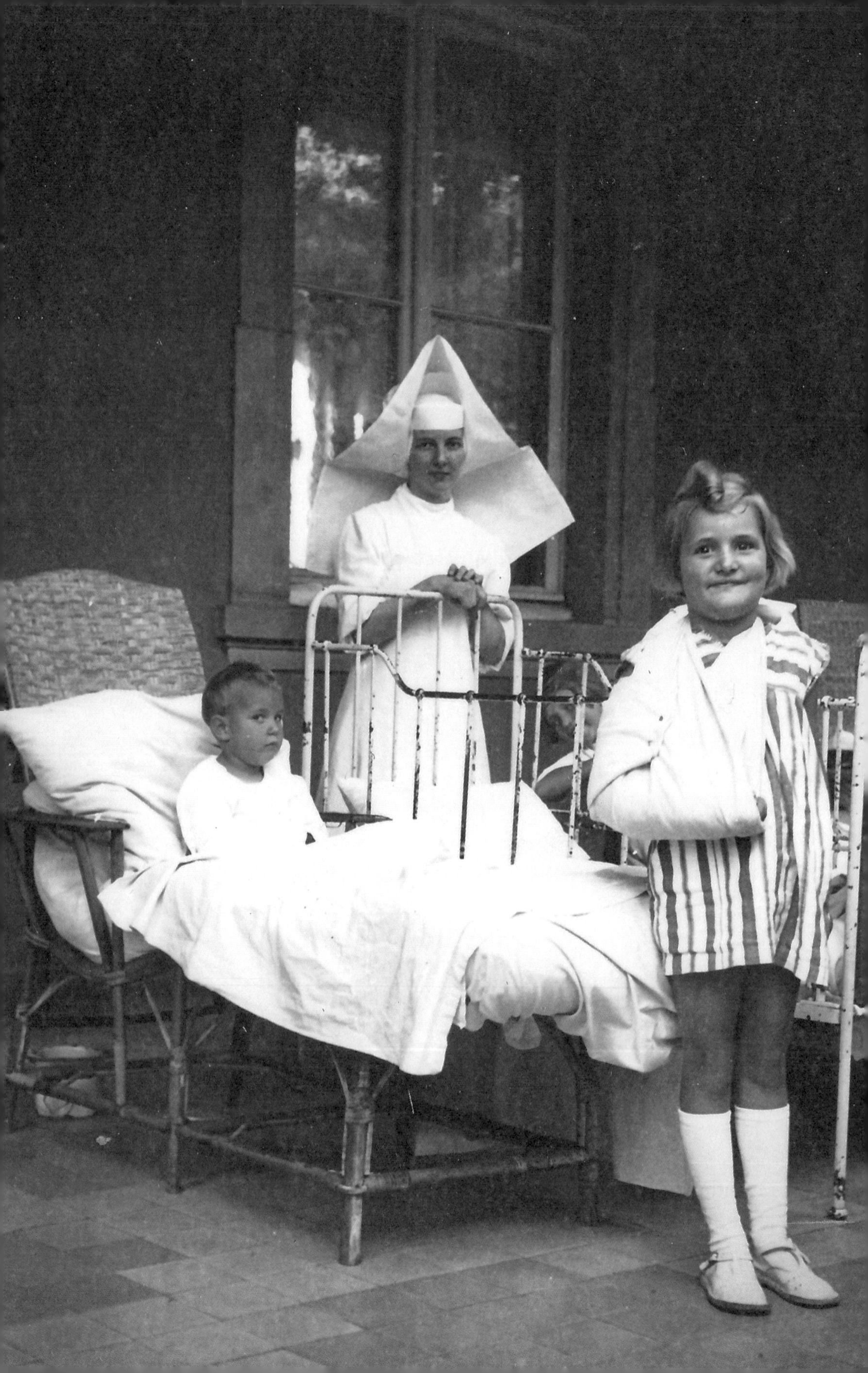

mes cousins, Emile, a malheureusement fait cette expérience. A 18 ans, à la suite d'un panaris du pouce dont l'infection se propagea vers le haut, il refusa l'amputation du bras et le paya de sa vie.

Tout ceci est heureusement du passé. Comme quoi, les progrès de la Médecine ne sont pas toujours inutiles et de leur avènement dépendent souvent des vies humaines. Aussi faut-il avoir la chance d'arriver au bon moment.

J'ai également appris à réduire les fractures. Dans cette discipline aussi, à la même période, apparurent de nouvelles méthodes de traitement. Les travaux de Bœhler y contribuèrent largement : tractions sur broches, fer à cheval, etc., immobilisation à l'aide d'attelles plâtrées moins importantes et par conséquent moins lourdes que précédemment (exemple : fractures de Pouteaux-Colles), mais aussi plus fonctionnelles. Nous inspirant des travaux de Leriche, nous avons infiltré les foyers de fracture pour la réduction de celles-ci avant l'immobilisation, donc en locale. Mais en même temps, nous traitions certaines fractures uniquement par des infiltrations à la novocaïne dans le foyer de fracture et nous les mobilisions immédiatement après, jusqu'à guérison. Tout ceci sans immobilisation par plâtre.

Les infiltrations et mobilisation se faisaient quotidiennement. J'ai d'ailleurs plus tard fait ma thèse sur ce problème. De même, les pieds gelés furent traités par des infiltrations à la novocaïne, infiltrations lombaires, mais aussi intra-artérielles. Ainsi l'injection de novocaïne dans l'artère fémorale amenait une meilleure irrigation des extrémités et permettait souvent de sauver les orteils.

Citons, en passant, la technique des infiltrations sympathiques lombaires : « les infiltrations sont pratiquées avec de la procaïne à 1 pour cent, presque toujours à droite et à gauche dans la même séance, 15 centimètres-cubes de chaque côté, à la hauteur de L2 le plus habituellement (Artérite) »

A côté de tout cela, j'ai également été initié à opérer une appendicite ou une hernie, opérations que j'ai eu la chance de pouvoir pratiquer à peu près journellement. C'étaient des opérations de routine, comme un phimosis par exemple. En outre, on me laissa faire un jour une ostéosynthèse sur un tibia fracturé, ainsi qu'une gastro-entérostomie. J'ai également fait deux amputations de cuisse, et une amputation de bras.

Ci-contre : Sœur Scholastique.

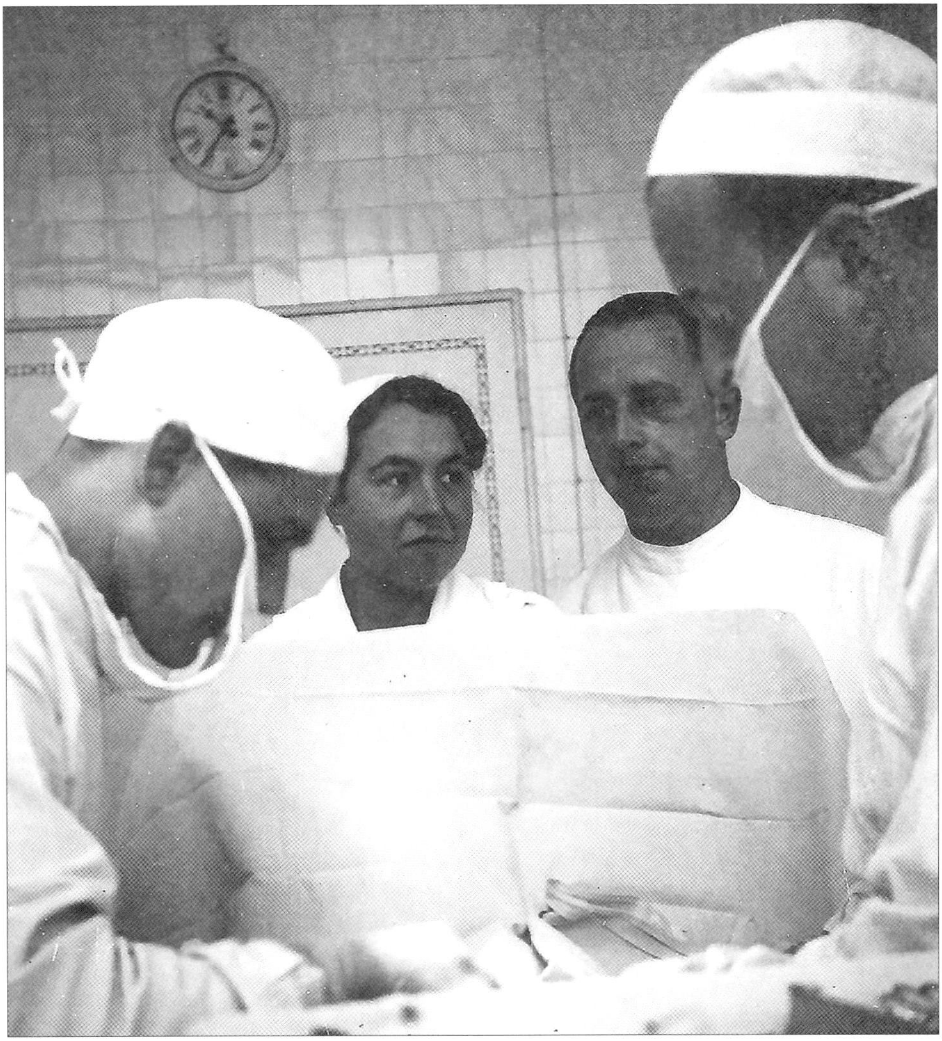

Evidemment dans ces dernières interventions j'étais assisté et guidé par le Patron ou le Premier Assistant, le Dr. P. Muller.

Comme nous étions six Assistants en Chirurgie, nous assistions le Patron ou le Premier Assistant pour les grosses opérations. J'avais ainsi rapidement acquis une certaine autonomie. Les appendicites s'opéraient avec l'assistance d'un autre camarade assistant et réciproquement. Pendant les gardes, que nous faisions à tour de rôle, nous réceptionnions les urgences. Pour les grosses choses qui dépassaient notre compétence on appelait le Patron ou le Dr. Muller. A cette époque l'un ou l'autre était toujours accessible.

Ci-contre et ci-dessus : Assistant en 1938.

La drôle de Guerre

Malheureusement la situation politique mondiale devint en 1939, vers la fin de l'année, de plus en plus critique, pour aboutir finalement à une Deuxième Guerre mondiale. Le 23 août 1939 fut signé à Moscou un Pacte de non-agression et d'Amitié germano-soviétique. Le 1er septembre 1939, les troupes entrèrent en Pologne, alors que le 24 août 1939 eut lieu la Déclaration britannique de soutien inconditionnel à la Pologne et la signature d'un Pacte d'assistance. Le 1er septembre 1939, la Grande Bretagne et la France déclarent la guerre à l'Allemagne.

L'an 1940, année de notre défaite, a marqué notre génération. L'Armée Française trahie par un manque criminel de préparation et une démoralisation sournoise, mal vêtue, mal équipée, jetée sur les routes encombrées de civils, fut bousculée et écrasée par une Armée jeune, dynamique et fanatisée !

Au Hasenrain, tous les Médecins chefs et les Assistants qui avaient des emplois et des affectations de mobilisation, furent mobilisés immédiatement et durent rejoindre leurs postes respectifs. Ainsi, pendant deux ou trois jours je fus le seul et unique médecin au Hasenrain. En effet, étant encore sursitaire, et par conséquent, n'ayant pas encore fait mon service militaire, je ne fus mobilisé que le 16 septembre 1939.

Dès le début de la déclaration de guerre, la panique s'était emparée des dirigeants de l'Hôpital et du personnel. Ainsi, par exemple, un avion ayant été vu ou signalé dans les environs, que déjà tout le personnel, sœurs, infirmières, employés, etc. fut aussitôt obligé d'emporter continuellement le masque à gaz quand ils se déplaçaient dans l'enceinte de l'Hôpital. Ce fut une vraie psychose de guerre, néanmoins un peu ridicule.

Ci-contre : La drôle de Guerre, janvier 1940.

Donc, le 16 septembre 1939 je fus dirigé sur Dôle pour être incorporé. Mais comme le stock d'habillement avait brûlé, on nous expédia vers Clermont-Ferrand (13e SIM) d'abord, puis on nous dirigea sur Toulouse (17e SIM), pour suivre le Peloton des E.O.R. du Service de Santé et devenir, après examen, titulaires du Certificat d'aptitude à l'emploi de Médecin Auxiliaire (grade d'Adjudant).

Le 28 novembre 1939 je fus dirigé sur mon Corps, d'abord sur l'Ambulance Médicale 42, 11e Armée, située entre Belleville et Châtillon s/Bar, et le 22 Mars 1940 sur le 205° R.I. stationné à Bayonville, et affecté comme Médecin Auxiliaire au 3ème Bataillon de ce Régiment. Mon Infirmerie se situera d'abord à Sivry dans une école, puis à Hanogne dans une petite cave à charbon et enfin dans la Ferme Grimausart.

Jusqu'au mois de Mai, cette Deuxième Guerre mondiale fut « drôle », ainsi qu' elle avait été baptisée par Roland Dorgelès, de l'Académie Goncourt. En effet, cette « drôle de guerre » ne ressemblait à rien, le calme régnait au front. Alors qu'en 1914 il s'agissait de délivrer l'Alsace-Lorraine, en 1939 la plupart des mobilisés n'avaient pas compris les causes de cette guerre et n'en discernaient pas clairement le but.

Mais soudain, le 10 mai, la guerre d'Europe commença. Après huit mois de contacts hésitants, de coups de mains furtifs, les Armées s'étaient réveillées. Le 10 mai 1940, l'Allemagne déchaîne l'Offensive générale sur les Pays Bas, la Belgique et le Luxembourg.

Le 1er mai les Allemands franchiront la frontière française. C'était l'opération Dantzig, c'était le commencement du « Blitzkrieg ». Ce 1er mai 1940, la Meuse est franchie à trois endroits : à Wadelincourt, entre Sedan et Bazeilles, au Nord-Ouest de Sedan et entre Donchéry et Bellevue.

Le secteur du front français de Sedan était considéré comme le plus sûr, grâce à la protection naturelle des Ardennes. Subitement ce fut le drame du 13 mai, quand commença l'acte décisif, lorsque le Panzer Korps du Général Guderian traversa la Meuse à Sedan.

Notre Régiment était stationné sur les territoires de Donchéry, Hanogne, Sapogne. Le 12 mai notre Régiment arrive, vers 6 heures du matin dans la Forêt de Sapogne, que nous devons quitter le 13 pour progresser vers Villanevers, Vendresse jusque dans la Forêt de Raucourt.

Sur les routes, civils et militaires étaient mélangés. Les convois militaires se mobilisaient vers le front, c'était "la montée en ligne" Les civils se déplaçaient dans l'autre sens. Pour eux ce fut l'Exode. Aussi, voyait-on pêle-mêle entre les militaires, défiler des autos chargées d'enfants et de bagages, un matelas débordant du toit, des bicyclettes ficelées sur les ailes. D'autres poussaient des voitures d'enfants ou même des brouettes chargées à bloc devant eux. Des camions emportaient des gens effarés dans un fouillis de vieilles valises et de ballots de vêtements. Tous ces gens furent ainsi brutalement jetés dans la tourmente sans qu'ils eussent bien compris le rôle qu'ils avaient et auraient à y jouer.

La stratégie de Hitler était le « Plan jaune ». Il consistait à attirer en Belgique les meilleures Divisions françaises et à les encercler en lançant dans leur dos des chars qui, traversant par surprise les Ardennes, là où on les attendait le moins, leur couperaient la retraite (Bataille de la Meuse).

Dès l'aube du 14 mai, l'aviation allemande se déchaîna. Par un temps magnifique et dans un ciel bleu, nous eûmes la surprise de voir apparaître une multitude de points noirs qui fonçaient apparemment sans but. Notre étonnement grandit quand se détachèrent en rangs serrés les premières bombes de la Luftwaffe.

Les Stukas balayaient littéralement tout le front sous un tapis de bombes de tous calibres, aux effets destructeurs tant sur le physique que sur le moral des régiments français cloués au sol, terrifiés par le fracas des explosions et les sirènes hurlantes des bombardiers en piqué. L'assaut aérien, les bombardements se poursuivirent sans discontinuer jusqu'au soir vers 19 heures[1].

Les hommes perdirent la tête, se promenèrent sans casque, errèrent dans la forêt. En fin de journée, la démoralisation gagna les combattants et il s'installa un phénomène de psychose collective. Certains des hommes, exténués par la fatigue, le manque de sommeil, le bruit des explosions, furent en proie à des hallucinations ou des visions.

1. François Mitterand qui par la suite sera le prisonnier de guerre N°27716, dans le même Stalag que moi, à Zygenhain, en parle ainsi dans le livre de Catherine Nay *le Noir et le Rouge* qui traite de sa carrière politique : « Pendant la drôle de guerre, les hommes par froid et humidité, creusent des tranchées antichars dans la boue, déroulent des fils de fer barbelés sous la pluie, s'ennuient, changent parfois de secteur. Dans la morne grisaille de cette guerre suspendue, le trac des panzers, les sifflements des bombes arrêtent l'attente. L'offensive commence par la Belgique ».

Les nouvelles les plus alarmantes circulaient : des chars allemands auraient été aperçus loin sur les arrières des combattants qui se croyaient trahis et qui voyaient partout des parachutistes et des espions. La panique s'empara de quelques éléments qui refluèrent en désordre. Un avion mouchard, un Henschel 126 nous survolait continuellement pour nous observer avec un bruit hoquetant de motocyclette. Nous étions encerclés, les chars allemands étaient en place et leur appui aérien était toujours prêt. Du côté français très peu de canons antichars et manque de munitions. Aucun avion ami n'était en l'air. Toutes les liaisons étaient coupées.

On luttait dans des conditions inégales avec des armes périmées et inefficaces, anéanties sous les bombes et les obus. Nous étions livrés à nous-mêmes, le commandement était inexistant, les officiers en cavale, sautaient dans leurs voitures et plantaient là les hommes et le médecin.

Le moral était pourtant bon jusqu'au moment où les Stukas se mirent à piquer sur les batteries, et ce n'est que le 14 mai que la démoralisation gagna les combattants et qu'un phénomène de psychose collective s'installa. Les armes sont jetées et tout le monde se précipite sur la grand-route, quittant ainsi la forêt. Plus aucun officier ne se trouvait parmi nous.

A vrai dire, malgré la tempête aérienne, malgré les piqués rugissants des Stukas qui paraissaient viser chaque homme individuellement nous n'avions pas à déplorer de pertes humaines dans notre Bataillon. Cette journée du 14 mai, fut une journée splendide, sous un soleil radieux, les oiseaux chantaient et ne se souciaient guère de nous. Ce fut une journée qui aurait pu être digne du meilleur pique-nique, mais hélas nous étions en guerre.

A notre arrivée, dans cette forêt, j'avais installé mon Poste de Secours à proximité des différentes Compagnies, auxquelles j'avais attribué des brancardiers, tout en gardant mes 4 infirmiers auprès de moi au P.S. Il y eut ce jour-là quelques échanges de coups de feu. Parmi nos pertes santé nous avions à déplorer un mort, quelques blessés légers, et deux blessés que j'ai fait évacuer, mais qui, comme je l'ai su par la suite, tombèrent entre les mains de l'ennemi au cours de l'évacuation. Mais, pour comble de malheur, ces pertes ne furent pas l'œuvre de l'ennemi, mais notre propre œuvre. Etant sans liaison, sans commandement on tira sur tout ce qui

E.O.R. du service de Santé.

bougeait dans la forêt en face de nous, mais qui était occupée par un de nos Bataillons, ce que nous ignorions ! Drôle de guerre…

D'une façon générale, la plupart des combattants, maintenus où il ne fallait pas, ne purent rien voir. Des centaines de milliers d'hommes allaient être capturés sans avoir aperçu un Allemand, et les troupes encerclées se demandaient sur quoi ouvrir le feu, sur un ennemi invisible ! La suite nous apprit qu'en moins d'une semaine notre front du Nord fut enfoncé, la ligne Maginot tournée, nos troupes d'élite prises au piège.

De cette bataille dépendait le sort du pays, lequel était encore, à cette époque, entretenu dans une telle confiance que nul sur le moment ne crut à la défaite, mais plutôt, comme toujours à la « débrouille ».

La suite nous prouvera le contraire. Nous voilà donc tous à présent sur cette large route, sans armes, comme un troupeau désordonné, sans commandement, sans chefs, sans liaison aucune, dans l'attente d'être cueillis par les Allemands.

Je décide alors avec cinq de mes camarades sanitaires de ne pas rester « à poiroter » sur ces lieux, mais de chercher à rejoindre les lignes françaises. Quelle utopie ! Sans but précis, complètement déboussolés, suivant notre seule intuition, nous marchâmes toute la nuit. Jusqu'à 3 heures du matin du 15 mai. Fourbus de fatigue, sans avoir mangé, nous

nous sommes couchés dans la forêt en pénétrant dans les bois un peu à l'écart de la route, dans l'intention après cette halte de poursuivre notre route vers... l'inconnu.

Mais grande surprise, à l'aube du 15 mai, nous sommes réveillés par des bruits de chars et repérés par les Allemands, dont une quinzaine, tous armés jusqu'aux dents (mitraillettes et grenades) nous encerclent en nous sommant de nous rendre avec les bras en l'air. A ce moment ils avaient tous leurs armes braquées sur nous. Ces combattants étaient impressionnants, c'étaient des jeunes S.S. tous très grands avec une tête de mort sur leur tenue.

J'expliquai alors au sous-officier se tenant devant moi, revolver au poing, que nous faisions partie du Service de Santé, ce dont témoignaient d'ailleurs nos brassards, et que nous n'étions pas armés (à cette époque le Service de santé français n'avait pas le droit d'être armé). Je lui fis savoir également, et tout ceci en allemand, que nous étions des isolés ayant perdu toute liaison.

Ce fut là le premier contact avec l'Armée allemande qui se solda, deux minutes après cet entretien, par un coup de feu tiré par le sous-officier m'atteignant au tiers inférieur de la cuisse droite et par la même occasion blessant mon infirmier, debout derrière moi, à la cuisse gauche.

Et ce fut ma troisième agression, celle-ci due à la lâcheté d'un sous-officier allemand qui n'aura pas à se féliciter pour son héroïsme.

Blessé et prisonnier

Je perdis évidemment pas mal de sang qui coulait dans mon pantalon, de même que mon camarade. Nous nous sommes empressés de couper les pantalons et de prodiguer les premiers soins. Je posai les garrots, le pansement individuel que nous avions sur nous et nous fit une piqûre de morphine, qui n'eut d'ailleurs aucun effet.

Nos camarades encore valides durent alors nous transporter vers un Poste de secours ou plutôt un lieu de ramassis, de rassemblement de blessés dans la forêt, dans l'attente d'être évacués. Bien sûr cette évacuation vers le Poste se faisait sous bonne escorte : deux soldats, baïonnette au canon. Nous sommes ainsi restés étendus en pleine forêt, sans soins évidemment, jusqu'au soir vers 19 heures environ.

Entre temps j'avais desserré nos garrots car les bandes avaient commencé à entailler nos chairs. L'hémorragie s'était arrêtée, mais les douleurs persistaient.

Pendant ce séjour sylvestre nous avons échappé une nouvelle fois à la mort. En effet, il s'en fallut de peu, que nous ne fussions bombardés par un avion qui à deux reprises largua ses bombes au-dessus de nos têtes, la deuxième fois à environ 100 mètres de nous, juste au-dessus de l'endroit où nous étions tous rassemblés.

Je crois que c'était là le seul avion « français » que nous eussions aperçu jusque-là, pendant cette période de la guerre et qui plus est, aurait pu nous être fatal s'il n'avait pas été abattu à ce moment par la Flack allemande.

Au même moment, un soldat allemand vint nous prévenir que nous ne pourrions pas être évacués, puisqu'une offensive française était à craindre et qu'eux, étaient obligés de se retirer momentanément. En attendant, nous, les blessés, impotents pour la plupart, nous étions exposés entre deux feux, abandonnés par tout le monde, risquant encore d'écoper des balles des deux camps.

Cependant tout se calma autour de nous et le soir nous fûmes évacués par ambulance allemande en direction de Sedan, où on nous débarqua dans une grange où rats et lapins se promenaient la nuit sur nos corps.

Mais, vers 3 heures du matin, nouveau départ à l'aide d'une autre voiture sanitaire, une ambulance polonaise très peu confortable. On y entassera trois blessés, deux sur brancards superposés et le troisième couché par terre. Moi-même j'étais couché sur le brancard inférieur avec au-dessus de moi un soldat blessé du poumon. Il n'y avait que très peu d'espace entre les deux brancards. A côté de moi, par terre, se trouvait un lieutenant aviateur blessé au bras droit.

Nous sommes dirigés vers la Belgique et arrivons à Arlon le 16 mai à 10 heures du matin. Ce trajet fut très pénible pour moi. En effet, mes deux camarades commençaient à divaguer. Le soldat au-dessus de moi dans son délire avait trouvé un trou dans son brancard et en y introduisant son bras ne cessait de cogner, inconsciemment, ma cuisse meurtrie, alors que le lieutenant devenu de plus en plus agité envoya des coups de pied un peu partout dans l'ambulance, cassant même la lucarne de celle-ci.

A notre arrivée à Arlon, on nous déposa dans une grande salle de gymnastique sur la paille au milieu de nombreux autres blessés de toutes natures. Un grand tableau, représentant la Reine Astrid, nous dominait. Ici, le service de triage commença à fonctionner, et le soir même, après ce tri sommaire, j'aboutis à Neufchâteau, dans une Institution transformée en Hôpital, tenue par des religieuses et des infirmières. Nous fûmes mélangés aux blessés allemands. Mais on nous séparerait vite par la suite. Car, entre blessés, même de nationalités opposées, on risque de devenir « camarades » d'infortune.

Enfin, le 18 mai, on commença à s'occuper de nous. Déjà plusieurs jours de passés depuis la chute, retard fatal à plus d'un d'entre nous.

Sans examen radiologique préalable, mais ayant tout de même constaté une paralysie du nerf sciatique poplité externe droit, on immobilisa mon membre inférieur droit dans un grand plâtre, prenant le bassin, les hanches, l'abdomen et tout le membre inférieur, tout en y aménageant une fenêtre pour le traitement des plaies, ainsi qu'une ouverture abdominale (garde-manger). Ces premiers soins furent assurés par des médecins allemands appartenant à l'Armée de l'air. A noter qu'on appliqua le plâtre directement sur la peau, sans couche protectrice de coton ou autre. De retour dans mon lit, je demandai que l'on me fit une injection de sérum antitétanique, bien que je fusse vacciné, mais incomplètement.

Ce même soir, le lieutenant René Boyer de Camprieu qui occupait le lit à côté du mien, rendit l'âme : blessé abdominal avec péritonite non opérée à temps, dépassement de loin des délais préopératoires !

Nous étions ainsi une vingtaine de blessés de toutes nature, réunis dans une salle commune. Un médecin français, prisonnier lui aussi fut désigné par les autorités allemandes pour s'occuper de nous. Malheureusement ce confrère, qui se pavanait en tenue fantoche et gants blancs, ne s'intéressait guère à nous. Il paraît qu'il était médecin de cure thermale dans le civil et alors, ou bien, les blessures ne l'intéressaient pas, ou bien, ce qui était plus probable, c'était un incompétent, qui ne tenait pas non plus à se salir les mains. Aussi ses gants blancs et le beau képi rouge ne le quittèrent jamais. C'était vraiment dommage que je fusse cloué au lit !

Dans ces conditions, on s'imagine facilement comment fut reçu ce médecin, qui ne s'occupa absolument pas de nous, lorsqu'il fit son apparition dans notre chambrée. On ne lésinait pas avec les mots. Des épithètes peu flatteuses et peu académiques jaillirent de tous côtés, surtout de la part d'un capitaine amputé d'un bras : « enfoiré, salaud, assassin...»

Cependant les pansements de ces pauvres malheureux et le mien aussi, devaient quand même être faits et renouvelés. Comme le beau confrère français était défaillant et n'osait plus se montrer, moi-même, je me chargeai de soigner mes camarades blessés. Le matériel mis à notre disposition était suffisant en quantité et en qualité.

Evidemment, les médecins allemands ne s'occupaient plus de nous, ils avaient assez à faire avec leurs propres blessés, d'autant plus qu'ils avaient délégué « un fameux médecin français » auprès de nous. Je n'ai même pas cherché à connaître le nom de ce toubib. Par contre une sœur et deux infirmières très dévouées s'occupaient de nous.

Je faisais en outre l'interprète auprès des Allemands, ce qui nous fut utile à tous, à plus d'un point de vue. C'est dans des conditions pareilles que l'on apprécie l'utilité des langues étrangères.

Donc, devant l'indifférence de mon confrère, je me sentis obligé de mettre la main à la tâche. Mais, étant cloué à mon lit, en position couchée sur le dos en raison de mon plâtre, je ne pouvais évidemment pas me lever et me déplacer dans la chambrée, vers les blessés. Mais la difficulté fut quand même vaincue. Ceux qui pouvaient marcher vinrent vers mon lit pour leur pansement. Pour les autres qui ne purent se déplacer on en vint à bout en faisant déplacer mon lit par quelques camarades encore valides, et en le poussant jusqu'au patient à soigner. Aussi était-ce en position couchée que je fis les pansements et les injections.

Mon pansement, hélas, devait également être fait tous les jours. Je m'en chargeais moi-même. Une infirmière tenait une glace et c'est ainsi que tous les jours une mèche fut poussée de part en part de ma cuisse après désinfection des plaies (plaie transfixiante). Je puis dire que ce ne fut pas une sinécure, mais je tenais à récupérer mon membre et à éviter l'infection. Les plaies heureusement n'ont suppuré à aucun moment, malgré ces soins précaires.

Il va sans dire, qu'après ces séances journalières de soins, j'étais vanné. Par bonheur, une semaine avant mon départ de cet hôpital, nous « touchions » un jeune médecin français, interne des Hôpitaux de Paris, qui se montra compétent et très dévoué pour les pauvres blessés. C'est lui qui prit alors la relève.

Le 28 mai, jour de la capitulation du Roi des Belges Léopold III avec l'Armée belge, je fus évacué sur l'Allemagne. D'abord, en camion jusqu'à la gare de Neufchâteau, puis en train sanitaire jusqu'à Treysa. Pendant le trajet, je fis une réaction sérique, suite à la piqûre antitétanique. Mais cela s'arrangea assez rapidement sans soins spéciaux et pour cause.

Au cours de ce trajet ferroviaire, à chaque arrêt de train, on débarquait des morts sur les quais. La plupart étaient raides et complètement nus, ayant été délestés de leurs « fringues » par les copains au moment de leur mort. Les vêtements en effet ne leur serviraient plus à rien. Le malheur de l'un fait le bonheur des autres ! De toutes façons ce fut un spectacle lamentable. Les voyageurs civils dans les gares, sur le quai, passaient avec indifférence à côté de ces cadavres. Sans doute était-ce là un spectacle habituel et journalier auquel on s'accommode vite avec le temps. La vie n'est que peu de chose ! Misère humaine qu'on oublie trop souvent ! A force de tout voir, on finit par tout supporter, et à force de tout supporter, on finit par tout admettre...

Le 29 mai, arrivée à Treysa. On nous dépose par terre en plein sur le ciment du quai de la gare dans l'attente d'être évacués plus loin. Comme effets vestimentaires j'ai juste une chemise, ma veste et mon plâtre et pas de pantalon, ce dernier ayant été coupé au moment de la blessure. Il me reste cependant encore un bas, mais plus de chaussures.

A partir de là le transport devint épique. On nous chargea sur une voiture de paysan à plateau garnie de paille, un peu comme lorsque les paysans en temps de paix transportent les cochons au marché ou à l'abattoir. Un vieux cheval nous traîna ensuite à travers la petite ville sous les regards parfois haineux des badauds. Après cette visite de la ville, nous atterrissons enfin au Kriegsgefangenenlazarett Treysa – Station IC.

Je me retrouve alors dans une chambre avec plusieurs camarades, notamment un lieutenant d'infanterie amputé d'un bras et porteur d'une grosse blessure à la cuisse, le capitaine, pied blessé au genou, un capitaine aviateur amputé d'une jambe, un lieutenant de la Coloniale blessé au bras. En outre, couchait avec nous dans la même chambre, un soldat de 2ème classe souffrant de gastrite et qui nous servait d'ordonnance, balayait la chambre et nous cherchait à manger. Il s'appelait Materne et était breton, c'était un garçon dévoué et bien brave.

A Treysa, les médecins allemands étaient corrects. La nourriture était suffisante, les soins normaux. Le médecin chef, Dr. Wittnebel, se montra aimable envers les prisonniers. Il allait même jusqu'à nous distribuer des cigarettes, denrée rare à cette époque. Ce confrère allemand était large d'esprit, ne cherchant nullement à faire de la politique, mais essayant de parler français de son mieux avec les blessés. C'est également à cette époque que j'ai mangé pour la première fois du fromage en tube. Je trouvai cette présentation très astucieuse et surtout pragmatique en temps de guerre.

Materne faisait aussi des menus travaux pour les Allemands, notamment du brancardage, des courses à l'intérieur du camp. En récompense, il recevait en retour, par quelque allemand bien intentionné, une cigarette, un bout de pain ou éventuellement une rondelle de saucisse. Ce supplément, cet extra, il ne le consommait pas tout de suite, mais le mettait en réserve dans le placard derrière son lit, pour pouvoir s'en servir et en jouir au moment opportun. Ce jeune garçon de 20 ans qui se dépensait pendant la journée avait faim le soir et se réjouissait, avec l'eau à la bouche, de pouvoir attaquer ses réserves. Mais hélas, oh surprise, lorsqu'il ouvrit son placard, toutes les victuailles avaient disparu, et naturellement notre Materne était affreusement déçu. Il n'avait pas le courage de réclamer mais vint se plaindre amèrement chez moi.

Moi-même, je n'avais pas remarqué qu'on lui avait subtilisé son bien. C'étaient les camarades officiers qui s'étaient servis pendant son absence. Pour ma part, j'ai trouvé cet acte indigne d'un officier vis-à-vis d'un jeune soldat sans grade et qui certainement avait encore plus faim que nous. Il est vrai que dans la détresse commune, les classes se rapprochent, subitement on se sent égaux. Mais la dignité devrait persister chez un officier, même si tout le monde est dans la dèche.

J'ai aussi appris par des officiers d'un Oflag voisin qui venaient au Lazaret pour des soins, que dans ces camps, où il n'y avait pourtant que des officiers, on se battait pour un bout de pain. Il faut croire, que devant la faim, il n'existe plus de distinction de grades. L'animal se réveille et la dignité est refoulée.

Le seul conseil que j'ai pu donner à Materne était, ou bien de consommer tout de suite les suppléments reçus ou bien de les garder soigneusement en poche, ce qui fut fait.

« Le cœur de l'homme est un abime d'égoïsme. L'humanité est partout pareille. Le vernis superficiel de la richesse, du grade et de l'éducation s'écaille presque instantanément au choc de la souffrance, laisse à nu des âmes égales, semblables dans leurs bassesses et leurs lâchetés, et parfois, très rarement dans leur grandeur. »

A Treysa, je continuai à rester au lit. Mes plaies se refermèrent lentement, de sorte que le 20 juin, j'exigeai, peut-être à tort, l'ablation de mon plâtre, car j'aspirais à pouvoir me lever pour me rendre utile et m'occuper de mes camarades blessés. En gardant plus longtemps le plâtre, j'aurais peut-être pu avoir la chance d'être rapatrié et dirigé sur un hôpital en Alsace, en tant que sanitaire et Alsacien blessé, au lieu de continuer à poiroter par la suite dans divers camps. Mais je n'étais pas fait de cette pâte. J'ai voulu être actif et servir à quelque chose, ce qui devrait être le but de tout le monde tout au long de sa vie, bien que très souvent les parasites en aient la meilleure part.

Une fois débarrassé du plâtre, non sans douleur cependant car tous les poils s'y collaient, tout le membre était ankylosé, un sous-officier polonais me prodigua des massages de fortune. N'étant pas un professionnel, il n'y allait pas de main morte, la force suppléant la technique. Je lui dois quand même de la reconnaissance pour la reprise de la mobilisation. Evidemment pour la paralysie, il n'y eut guère de changement. Cependant j'ai pu me lever, c'était l'essentiel. Je me déplaçais avec une canne, mais le soir j'étais très fatigué, mon membre était lourd, douloureux et œdémacié. Le matin, cependant il désenflait, de sorte que je pus déjà m'occuper un peu de nos blessés.

Je l'ai déjà dit plus haut, si j'avais eu de la patience, j'aurais pu me faire rapatrier, avec le plâtre. Cette situation de médecin assistant au Lazarett ne dura pas bien longtemps, car un prisonnier, tout médecin qu'il fût, même avec un membre atrophié et œdémacié, sera éjecté de l'hôpital dès qu'il est tant soi peu valide, pour rejoindre son camp d'origine, le Stalag 9A à Zygenhain.

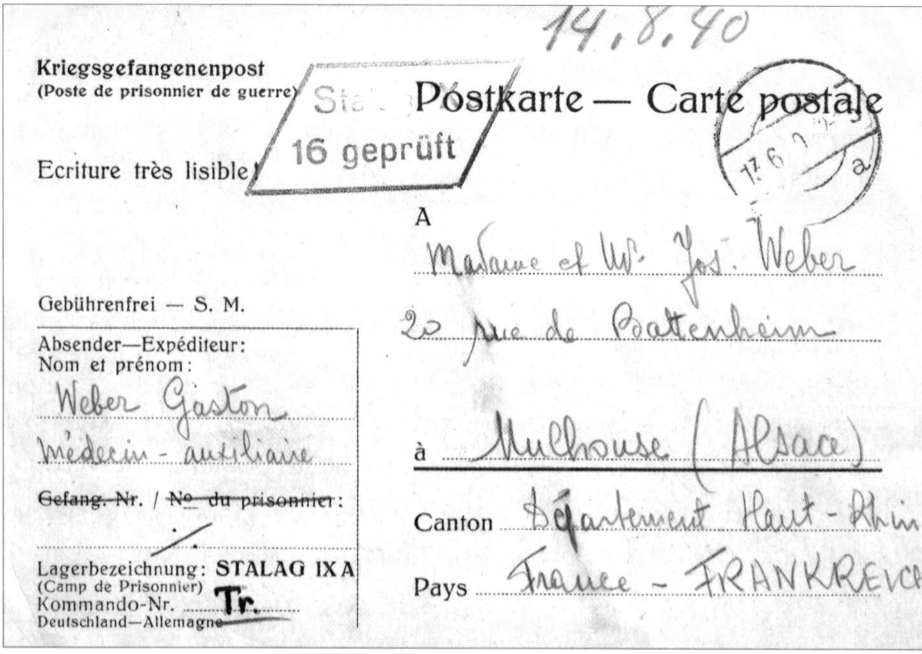

14.8.40

Kriegsgefangenenpost
(Poste de prisonnier de guerre)

Stalag 16 geprüft

Postkarte — Carte postale

Ecriture très lisible!

A Madame et Mr. Jos. Weber
20 rue de Battenheim
à Mulhouse (Alsace)
Canton Département Haut-Rhin
Pays France - FRANKREICH

Gebührenfrei — S. M.

Absender—Expéditeur:
Nom et prénom: Weber Gaston
médecin-auxiliaire

~~Gefang.-Nr.~~ / ~~No du prisonnier~~: ./.

Lagerbezeichnung: STALAG IX A
(Camp de Prisonnier)
Kommando-Nr. Tr.
Deutschland—Allemagne

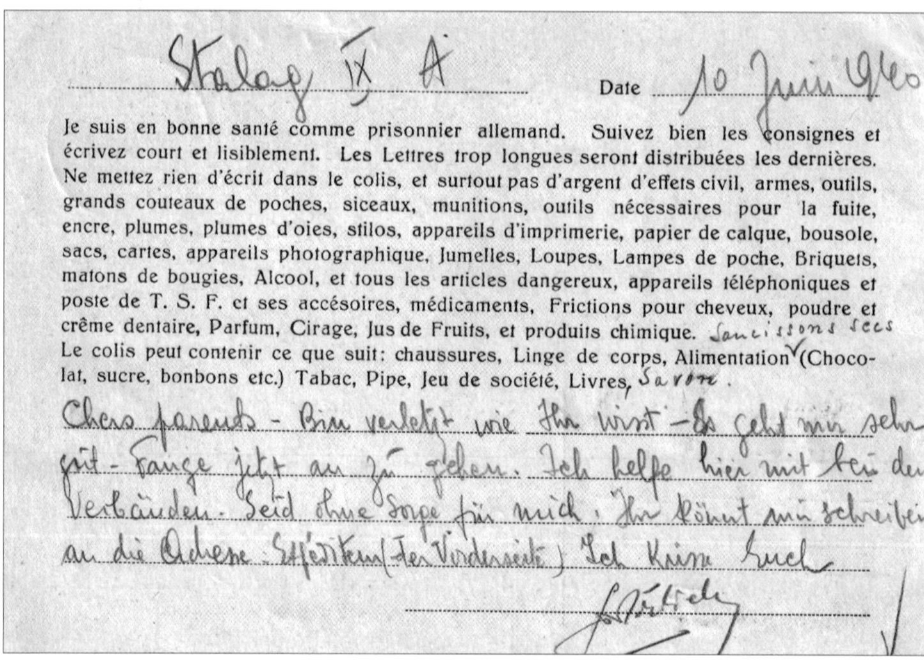

Stalag IX A Date 10 Juin 1940

Je suis en bonne santé comme prisonnier allemand. Suivez bien les consignes et écrivez court et lisiblement. Les Lettres trop longues seront distribuées les dernières. Ne mettez rien d'écrit dans le colis, et surtout pas d'argent d'effets civil, armes, outils, grands couteaux de poches, siceaux, munitions, outils nécessaires pour la fuite, encre, plumes, plumes d'oies, stilos, appareils d'imprimerie, papier de calque, bousole, sacs, cartes, appareils photographique, Jumelles, Loupes, Lampes de poche, Briquets, matons de bougies, Alcool, et tous les articles dangereux, appareils téléphoniques et poste de T. S. F. et ses accésoires, médicaments, Frictions pour cheveux, poudre et crême dentaire, Parfum, Cirage, Jus de Fruits, et produits chimique. Saucissons secs
Le colis peut contenir ce que suit: chaussures, Linge de corps, Alimentation (Chocolat, sucre, bonbons etc.) Tabac, Pipe, Jeu de société, Livres, Savon.

Chers parents - Bin verletzt wie Ihr wisst - Es geht mir sehr gut - Fange jetzt an zu gehen. Ich helfe hier mit bei den Verbänden. Seid ohne Sorge für mich. Ihr könnt mir schreiben an die Adresse [illegible] Ich küsse Euch

Courrier préimprimé et censuré
pouvant seul être envoyé par les prisonniers.

La vie des camps

Jusque-là je ne connaissais pas encore la vie de camp. Elle s'est d'ailleurs révélée toute autre que je ne l'avais imaginée. Le 30 juin on me fit savoir que je partirais le même jour pour Zygenhain. Nous étions six dans le même cas. J'avais pour tout bagage une boîte en carton contenant les quelques effets qui me restaient. Entre temps j'avais aussi acquis une paire de souliers qui me comprimaient le pied. Pendant le trajet, nous étions accompagnés d'une sentinelle, baïonnette au canon.

En cours de route les cinq camarades furent pris en charge par une autre sentinelle et dirigés sur un autre Stalag. Jusqu'au moment de cette séparation, tout au long du trajet, un soldat noir sénégalais s'était chargé de mon barda. A présent il fallait que je le porte moi-même, je n'étais guère valide. Le trajet était assez long et vers le soir je n'en pouvais plus, tellement ma jambe était douloureuse et enflée. Comme il commençait à faire nuit car autrement cela n'aurait pas été possible, le soldat allemand me voyant peiner de plus en plus eut de la compassion pour moi et s'empara de mon bagage pour me le porter jusqu'à environ 100 mètres de l'entrée du camp de destination. Il ne pouvait pas le porter plus loin, car s'il avait été vu rendre un service à un prisonnier, il aurait, à coup sûr été gravement puni. De telles pratiques d'humanité n'étaient pas acceptables !

Arrivé au camp, Stalag 9A, et lorsque les formalités administratives furent réglées, je fus conduit dans une baraque où logeaient déjà des médecins et dentistes belges. On fit vite connaissance. Ce fut ma première nuit dans un camp de prisonnier et j'y dormis bien.

Ici, j'ouvre une parenthèse : les médecins et le personnel sanitaire en général, se font reconnaître grâce à une carte d'identité et à un brassard timbré et délivré par l'Etat et muni de l'emblème de la Convention de Genève. Malheureusement au moment d'entrer en captivité on me demanda ma carte d'identité sanitaire. Je n'en avais pas, ne sachant même pas que cela existait, à l'inverse des médecins anglais et belges qui eux en étaient pourvus.

Bien plus, nous ignorions les principaux articles de la Convention qui figurent au verso de la carte. La méconnaissance des accords de Genève par le corps médical peut avoir des conséquences très graves pour le corps médical lui-même. Malgré cette lacune, on me fit confiance et je fus employé à des fonctions médicales.

Le lendemain je me rends à l'infirmerie du camp et le travail commence tout de suite. Je passe mes premières consultations et visites à l'intérieur du camp, à la consultation du matin, ou nous voyions régulièrement et journellement, défiler 100 à 200 prisonniers. On y traitait de tout, la pathologie était très variée : angines, bronchites, troubles digestif, panaris, abcès de toutes sortes, etc.

J'avais avec moi, comme infirmier, un sergent-chef noir, qui était étudiant en pharmacie. C'était un charmant garçon qui se débrouillait d'ailleurs très bien. A noter que soins et traitement se faisaient simultanément, un genre de Propharmacie comme les vétérinaires. En effet le diagnostic fait, les médicaments (à l'état sec, comprimés et pilule étaient disposés dans des casiers spéciaux, facilement accessibles) étaient remis extemporanément au malade, qui les emportait. Il va sans dire que tout cela se faisait à la chaîne, dans la matinée. L'après-midi, sauf cas urgent je pouvais disposer. J'en profitais pour quitter l'infirmerie et aller faire un tour dans le camp proprement dit, qui abritait à peu près 25 000 hommes. Les prisonniers logeaient sous des tentes à 200 hommes chacune. Ils couchaient sur de la paille. Evidemment, il ne faisait pas très chaud sous ces tentes où régnait un courant d'air continu. Comme on avait enlevé les capotes aux hommes, ils n'étaient guère protégés contre le froid, surtout la nuit. Aussi, n'était-ce pas étonnant que ce fussent les soldats noirs qui eux souffrissent le plus du froid.

Si l'un d'eux tombait gravement malade avec forte fièvre, j'avais, outre les médicaments, le droit de prescrire deux couvertures que le chef de tente allait toucher au magasin. Chez ces malades, les pneumonies et broncho-pneumonies n'étaient pas rares. Lorsqu'un cas était vraiment très sérieux, et alors seulement, je pouvais le faire évacuer sur l'hôpital. Mais l'administration du camp n'était jamais très pressée pour appeler une ambulance. Les véhicules manquaient, étant en général continuellement occupés, de plus, les hôpitaux regorgeaient de blessés et de malades et surtout les Allemands évacuaient d'abord leurs propres malades : nous n'étions, après tout que des prisonniers !

Il est évident que plus d'un blessé, qui aurait pu être sauvé en temps normal, y a laissé sa peau, n'ayant pu être évacué assez rapidement. C'était la rançon de la guerre. Dans un camp de prisonnier la vie d'un individu ne compte guère. Le prisonnier est un numéro et rien de plus. Moi-même j'étais immatriculé sous le N° 20242.

Heureusement les Allemands se rendirent-ils très vite compte que le climat ne convenait pas du tout aux noirs qui mourraient comme des mouches. Aussi assistions nous à un départ massif de soldats noirs qui furent soi-disant « évacués » vers un climat plus clément dans le Sud de la France.

Dans ce camp, les conditions de vie laissaient à désirer. Les hommes étaient couchés sur la paille, la nourriture était de loin moins suffisante qu'au Lazaret, que je regrettais à présent.

Le matin nous touchions un jus plus ou moins limpide et un bout de pain noir qui devait suffire pour toute la journée. La distribution et la découpe du pain se faisaient au centimètre près. A midi c'était une soupe de rutabaga avec des feuilles de betteraves. On pouvait parler de chance si, par hasard on y découvrait une miette de viande.

Le soir on percevait une petite rondelle de saucisse noire ou un peu de saindoux ou éventuellement un peu de miel artificiel que l'on pouvait étendre sur le pain, si toutefois la réserve journalière n'était pas encore épuisée. Tout ce que l'on peut dire, c'est que les menus n'étaient pas très variés, pas très riches en calories et n'occasionnaient pas d'indigestions.

Même l'eau était servie au compte-gouttes. En effet, on mettait à notre disposition un filet d'eau sortant d'un tuyau d'1 centimètre de diamètre à débit excessivement lent. Aussi, dès le lever du jour et jusqu'au soir, les hommes faisaient la queue devant cet unique « robinet » pour remplir une gamelle d'eau qui devait suffire pour toute la journée, pour se débarbouiller, pour la boisson, bref pour tous les usages où l'eau était nécessaire. Quand 25 000 hommes sont entassés dans un camp, entouré de barbelés avec des miradors à chaque coin, ils sont tous copains, ils sont tous égaux, pas de différence de classe, contrairement à ce qui se passe dans le civil en temps de paix et malheureusement aussi après la guerre, on s'ignore…

Les Alsaciens, qui étaient cependant en minorité dans le camp, se repérèrent très vite, et cela justement parce qu'ils formaient une minorité. Les Allemands, d'autre part, les recherchaient du fait qu'ils parlaient l'allemand et pouvaient servir d'interprètes. On les bombardait chef de tente. Parmi tout ce monde je n'ai pourtant rencontré qu'un seul Mulhousien, le sergent-chef Mangeon que j'avais connu au Lycée de Mulhouse avant la guerre. On se voyait tous les jours. Au début, les prisonniers, n'ayant rien à faire, se promenaient dans le camp à la recherche de connaissances éventuelles. Ce n'est que plus tard que furent constitués des Kommandos de travail.

Par contre, il régnait dans le camp une très grande activité interne en ce qui concernait des échanges de toutes sortes entre les prisonniers. On troquait des vêtements contre du tabac, et les alliances, les portefeuilles, les montres étaient échangées contre un bout de pain, même rassis. Tout le monde faisait son petit commerce.

Les plus acharnés et aussi les plus forts en affaires, étaient, sans conteste, les soldats arabes, les Nord-africains. Ils étaient rassemblés dans une tente que nous dénommions « le Souk » et où se pratiquaient toutes sortes de marchandages, allant des « opérations de Bourse » à la vente d'objets les plus insolites, et à quel prix ! Ainsi, par exemple, une cigarette, confectionnée avec des mégots, se vendait facilement de 20 à 50 francs. Au même prix furent les rondelles de saucisse que les Arabes ne consommaient pas, leur religion leur interdisant la viande de porc, l'Halouf.

L'argent français n'avait évidemment pas cours au camp, et nous n'avions même pas le droit d'en posséder. En effet, à l'arrivée au camp tous les prisonniers devaient passer une fouille, ce qui d'ailleurs se répéta plus d'une fois par la suite. La première des choses à remettre était l'argent français, ensuite le ceinturon (c'est le seul objet que je suis arrivé à camoufler et à ramener chez moi plus tard), le bracelet avec le N° Matricule (ce qui était une ineptie parmi tant d'autres), sans parler des appareils photos, couteaux, rasoirs, etc.

Bien que ne pouvant, soi-disant, rien faire avec l'argent français, les musulmans se précipitaient sur les nouveaux arrivants avant la fouille pour faire leur petit business. Ils échangeaient aussi les francs contre des Marks « de ville ». Les cours variaient entre 60 et 120 francs le Mark, alors qu'au cours officiel il était coté 20 francs. Les Marks ainsi acquis passèrent très vite en tabac et cigarettes à la cantine du camp. Mais ce qui était plus fort, c'est qu'on pouvait acheter des cigares (des Weberstumpen, pardon) et même du pain au Souk mais qui se vendaient au prix fort et toujours au plus offrant.

On se demandait, bien sûr, comment ces prisonniers qui ne parlaient ni l'allemand ni souvent même à peine le français, s'étaient procuré leur marchandise. L'explication nous fut fournie par le fait que les soldats allemands qui nous gardaient, sachant qu'ils seraient dans un futur proche, mutés en France, se procuraient de cette façon des devises françaises et donnaient en contrepartie des Marks ou de la marchandise à troquer.

Evidemment tout ce trafic se passait dans le plus grand des mystères, sans que les agents des fouilles (qui sûrement se sucraient également) en eussent connaissance. De cette façon, chacun prenait son petit bénéfice.

D'autres arabes, accroupis par terre, proposaient des jeux avec des dés (genre poker) pour évidemment de l'argent. Ces gens avaient vraiment la bosse des affaires.

Une excellente impression sur la vie et l'état d'esprit que l'on rencontrait dans le Stalag IX A, près de Cassel et sans doute aussi dans les autres camps, fut très bien relaté par Catherine Nay dans son livre : Le Noir et le Rouge qui traite de la carrière politique de François Mitterrand, qui fut prisonnier, comme moi dans le même Stalag, à Zygenhain, sous le Numéro 27716, une situation qu'il supporta mal (comme d'ailleurs tout le monde). La capacité de résistance, la force intérieure sont le fruit d'un long mûrissement. Le refus de renoncer, c'est le refus de la mort.

Nous en arrivons au décor, au climat moral des camps. Les hommes sortent d'une tornade. Sans avoir eu le temps de comprendre, ils ont été capturés, entassés pêle-mêle dans des wagons de marchandises et jetés dans les camps. Tout a volé en éclats. Le pays s'est défait. L'Armée s'est effondrée. Tous les liens, à commencer par les liens familiaux, sont brisés.

Ils sont un million huit cent quinze mille, (presque tous de vingt à quarante ans, le tiers de la population masculine des actifs selon le recensement de 1936) à connaître l'enfermement dans les Stalags (sous-officiers et soldats) et les Oflags (officiers). Cinquante-et-un mille n'en reviendront jamais.

D'abord, la stupeur domine. Puis la colère. Il faut des responsables. Loin du pays, les prisonniers réagissent comme lui. Ils accusent pêle-mêle les hommes politiques, le Front populaire, le haut commandement militaire. Il fallut même faire protéger des généraux français en transit dans certains camps contre les menaces dont ils auraient pu être les victimes.

La mode, dans les camps comme dans le pays, est aux examens de conscience. Si la France est battue, c'est de sa faute. Chaque Français traduit bien vite : de la faute de mon voisin.

Weygand : « la France a mérité sa défaite, elle a été battue parce que ses gouvernements depuis un demi-siècle ont chassé Dieu de l'école. » Pétain : « Notre défaite est venue de nos relâchements. » Félix Gaillard, radical-socialiste : « Nous avons perdu la guerre parce que nous avons voulu entreprendre une lutte nationale avec un gouvernement de partis. Dans un gouvernement démocratique, l'homme devient l'homme de son parti avant d'être l'homme de son Pays. »

Le prisonnier a reconnu que la défaite était méritée, qu'elle ne fut pas un accident imprévisible. La défaite militaire a hâté une décomposition déjà profonde mais non encore consacrée du tissu social français. En un certain sens, elle a heureusement mis fin à cette décomposition.

A ces sentiments, s'ajoute, chez les prisonniers, l'anxiété : les nouvelles des familles parviennent tard et mal. Des villes françaises ont été bombardées, l'exode a jeté sur les routes dans un désordre indescriptible des milliers de civils livrés à eux-mêmes. Dans les premiers mois, ils avaient cru à une libération prochaine, puisque l'Armistice était signé. Ensuite ils ont connu le désespoir, l'amertume aussi. Ils se sont sentis les oubliés d'une France qui avait retrouvé la paix, les joies simples de la vie quotidienne.

Il y avait dans les camps peu de divisions politiques : une masse pour qui Pétain était, à la fois, le Chef de l'État, le grand-père, le protecteur, des gaullistes dont le nombre a augmenté avec les victoires alliées, des giraudistes plus strictement combattants et de nombreux autres qui s'accommodaient bien d'une double allégeance à Pétain et à De Gaulle.

Derrière les barbelés on découvrit les privations, les souffrances morales et physiques, ces promiscuités incontournables qui pèsent fort à un individu.

A midi, les Allemands faisaient apporter des bassines de soupe aux rutabagas et des boules de pain et... Débrouillez-vous pour la journée. D'abord ce fut le règne du plus fort, le gouvernement du couteau. Ceux qui s'emparaient des bassines se servaient par priorité et il convenait d'attendre de leur extrême bonté un peu d'eau sale pour la survie. Le pain noir était coupé en six tranches au millimètre près, sous le contrôle écarquillé du suffrage universel.

Mais il ne faut pas croire que les hommes qui ont traversé cette période sont des hommes rendus parfaits par les calamités, blanchis de leurs fautes qui, au contact d'une dure réalité, en sont venus à se repentir de leur passé pour construire un avenir idéal.

La captivité était une guerre quotidienne, non seulement avec l'ennemi, mais le plus souvent avec son voisin.

L'espérance d'une société nouvelle est à cette époque d'autant plus forte que tous les prisonniers « intellectuels » ont le sentiment qu'un monde vient de s'écrouler. De la IIIe République finissante, il n'y avait plus rien à aimer, rien à espérer non plus.

J'avais pris rapidement mes habitudes au Stalag IX A, m'occupant de mon mieux sans trop m'ennuyer, lorsque le 3 juillet, on m'apprit mon départ pour un autre camp, le Stalag IX B à Bad-Orb-Wegscheid. Ce dernier serait un camp « spécial » pour Alsaciens-Lorrains et Bretons, donc tous sujets à germaniser. Aussi la nourriture dans ce camp serait-elle « nettement » meilleure, les conditions de vie également. Pour ma part, je ne me nourrissais guère d'illusions, car, bienheureux ceux qui n'espèrent rien, ils ne seront pas déçus !

Ce 3 juillet 1940 je suis donc à nouveau pris en charge par une sentinelle armée, comme toujours, et nous prenons ensemble le train direction Bad-Orb. Nous prenons place dans un compartiment. Les voyageurs allemands de ce train me regardaient drôlement : un médecin auxiliaire français, ils n'en avaient jamais vu. Aussi, quelques-uns de ces civils qui voyageaient avec nous (sans doute des braves planqués, pendant que les autres se « cassaient la gueule » au front, ou alors des fanatiques du Parti) ne purent-ils s'empêcher de faire des réflexions stupides et désobligeantes à mon égard. Mais la sentinelle assise à côté de moi les arrêta dans leur élan d'éloquence face à un pauvre prisonnier et leur communiqua en douce que je comprenais parfaitement ce qu'ils disaient. A partir de ce moment-là ils se turent, et le voyage se poursuivit en silence.

En descendant à la gare de Bad-Orb, nous avions encore une bonne demi-heure de marche, le camp étant situé en dehors de la ville, en pleine forêt. Comme tous les camps il était entouré de barbelés. Il se divisait en deux parties bien distinctes. A l'entrée se trouvaient quelques bâtiments en dur : la maison du commandant du camp, ainsi que l'infirmerie. Le reste du camp comprenait de nombreuses baraques pouvant loger 200 personnes chacune.

C'est dans une de ces baraques que « j'emménageai » dans une chambre destinée normalement au chef de baraque. Elle était meublée d'un lit de camp et d'une table. En somme j'étais le chef d'une baraque vide. Par contre, j'étais gardé jour et nuit par deux sentinelles postées chacune à un coin du baraquement où la lumière brûlait toute la nuit. Ma piaule, de ce fait, était un peu éclairée comme par un rayon de soleil de minuit en Norvège. J'ignore encore aujourd'hui pourquoi on avait pris de telles précautions à mon égard, il ne pouvait rien m'arriver avec des gardes tellement vigilants.

Pendant 15 jours je restai ainsi isolé. Je n'avais pas le droit de quitter la baraque pour prendre un peu d'air. On m'accorda cependant une ordonnance : un prisonnier français vint le matin pour un peu balayer la chambre. En plus il m'apportait à manger, puis venait reprendre la gamelle après les repas. Tout ce manège se passait sans que l'on se parle, tout juste, bonjour, au revoir et c'est tout. Je commençais à me méfier.

Pendant les premiers jours de cette retraite forcée je n'ai fait que dormir, puis je marchais en long et en large dans ma chambre, un peu comme le renard en cage au jardin zoologique. Je faisais aussi l'inspection du reste de la baraque vide. Toute une série de lits gigognes, placés les uns sur les autres, étaient couverts de paille, prêts à recevoir d'autres compagnons d'infortune. Je n'avais rien à lire, rien à faire, et j'attendais avec impatience l'arrivée d'autres locataires dans mes lieux. Car si cette solitude devait continuer, j'allais devenir cinglé.

L'ensemble de ce camp pouvait peut-être, loger 4 000 à 5 000 prisonniers Pour l'instant les baraques étaient toutes vides, sauf deux, la mienne qui hébergeait un homme et une baraque voisine dans laquelle se trouvaient une dizaine de prisonniers. C'étaient effectivement des Alsaciens, Lorrains et Bretons. Je les entendais bien chahuter, jouer de l'accordéon, mais je ne pouvais pas communiquer avec eux.

J'ai appris par la suite que ces hommes avaient déjà été faits prisonniers dès le début des hostilités en 1939 (guerre des Sudètes) et s'organisaient aussi bien qu'ils le pouvaient en attendant des copains. Ma retraite, ma cure de solitude, ne fut troublée pendant ces 15 jours que par la visite du commandant du camp qui vint un peu me « tâter, me prendre le pouls », sans pourtant arriver à grand-chose avec moi. Il me laissa un journal allemand et m'offrit un cigare, ce que je ne refusai point.

Vers la fin de cette deuxième semaine, mon ordonnance se dégela un peu et daigna converser avec moi. Sans doute avais-je gagné peu à peu sa confiance et lui la mienne. Car, à cette époque, même au camp de prisonnier, la méfiance était reine. Je me rendis vite compte qu'il était Alsacien, et à partir de ce jour, nous fûmes amis. Il était de Strasbourg où il exerçait le métier de tailleur. C'est aussi par lui que j'appris quels étaient les autres occupants de la baraque jouxtant la mienne, et dans quelles conditions ils avaient échoué là.

Ces 15 jours de séquestration une fois passés, un sous-officier vint m'apprendre, un bon matin, que je devais procéder à la visite médicale des hommes du camp. Ils étaient au nombre d'une douzaine à attendre devant l'infirmerie qui se trouvait en dehors du camp proprement dit, mais néanmoins isolée du monde extérieur libre, par des barbelés. Le médecin lieutenant Schwebel et son médecin auxiliaire étaient aussi présents. On me présente à ces Messieurs et nous passons immédiatement à la visite médicale de nos douze prisonniers en question. Ils sont tous apparemment bien portants, à part les kilos perdus en captivité, pour lesquels nous n'avions pas besoin de faire des régimes particuliers.

Après ce premier contact avec ces hommes, je me rendis vite compte que c'étaient des camarades. Ils n'avaient nullement été contaminés par le virus nazi, malgré leur longue détention. A partir de ce jour je fus installé dans l'infirmerie. Elle était bien outillée. Elle comprenait une petite pièce à l'entrée, à droite avec un lit de camp et une table ainsi qu'un petit fourneau en fonte. C'est là que je logeais et où j'étais de service et de garde. En outre il y avait une pièce assez grande, pour les examens, et deux petites salles pour l'hospitalisation, pouvant contenir chacune 20 malades. Les lits étaient également superposés.

Cette infirmerie était, disais-je, bien achalandée, tant au point de vue des médicaments que des instruments chirurgicaux courants, et il y avait même une installation dentaire. Il va sans dire que, question médicaments, ils avaient été raflés dans les hôpitaux français lors de l'avance allemande. En gros cette infirmerie était bien conçue. Pourtant, il ne faut pas croire qu'elle avait été installée spécialement pour recevoir des prisonniers malades. Elle existait déjà avant la guerre car l'ensemble de ce camp fonctionnait déjà avant-guerre comme camp de Jeunesse hitlérienne (H.J. Lager).

A dater de ce jour j'ai enfin pu revoir la nature, sortir de ma baraque, voir les arbres environnant le camp et fréquenter journellement les copains de « la baraque à chahut ». Parmi ces prisonniers j'en choisis un comme infirmier, le sergent-chef Burckard, alsacien et instituteur dans le civil. Il logera chez moi à l'infirmerie, dans la même chambre que moi. Je n'étais plus seul. Je formai alors ce camarade dans son nouveau métier et il se débrouillait très bien.

Quant aux autres, ils ne faisaient pas grand-chose, ils se promenaient dans le camp, jouaient aux cartes et l'un d'eux avait un accordéon, qu'il manipulait fort bien, et mettait un peu d'ambiance dans notre triste situation.

Deux de ces hommes étaient occupés à la cuisine, ce qui fut un gros avantage pour nous. En effet, grâce à eux, malgré notre captivité, nous nous payions des pommes frites, qui l'eut crût ? Ainsi, pour embellir notre ordinaire, nos deux cuistots subtilisaient des pommes de terre et du saindoux à la cuisine et nous apportaient ces denrées à l'infirmerie. Les patates étaient préparées, coupées finement comme il se doit, et laissées flotter dans une cuvette bien nettoyée et où bouillait déjà le saindoux fondu. Il va sans dire que cet « extra » fut un régal pour nous.

Mais un beau jour le Service sanitaire fut prévenu de l'arrivée au camp de 4 000 prisonniers. Avant d'être admis au camp proprement dit, ces nouveaux arrivants devaient passer par la désinfection. Aussitôt le Service de désinfection est mis en marche. Il fonctionnera à plein rendement dans les jours suivants. Ce n'est pas une mince affaire à organiser.

Voilà donc tout ce troupeau massé devant l'entrée du camp, évidemment sous bonne garde. Les prisonniers passeront tout d'abord la fouille, puis la désinfection : bains, le corps nu, puis friction des parties velues du corps à l'aide d'un désinfectant, le cuprex. Les vêtements seront également désinfectés. Et c'est seulement, après avoir été dépouillés de leur fric et de leurs parasites qu'ils auront le droit de franchir le seuil de leur nouveau lieu de captivité. Dans ces opérations, il me fallait un secrétaire que j'ai trouvé parmi nos camarades, Burre, un étudiant en droit, strasbourgeois. Ainsi, les hommes après s'être déshabillés, douchés, s'être enduit de cuprex, venaient passer la visite médicale. Un dossier fut confectionné par mon ami Burre, pour chaque entrant.

Pour venir à bout de tout ce monde, nous travaillâmes deux jours et deux nuits. Les deux médecins allemands et moi, nous nous relayions toutes les huit heures. Ainsi, le rendement fut satisfaisant.

Pendant tout le temps que duraient les opérations, fouille, désinfection, examen médical, dossier, la queue du troupeau attendait patiemment son tour devant le camp et toujours sous bonne garde. Ils passèrent même la nuit à la belle étoile. Le deuxième jour, pour comble de malheur, il plut toute la journée. Il n'y avait rien à faire, les hommes déjà exténués devaient attendre leur tour avant de pouvoir être logés dans une baraque, au sec. Quand tous ces malheureux furent enfin logés dans leurs baraques respectives, le véritable travail commença pour moi. La visite journalière réglementaire fonctionnait le matin. Les cas sérieux étaient immédiatement hébergés à l'infirmerie du camp. Il était à prévoir que, par suite de l'attente prolongée des hommes sous la pluie battante, il y aurait une recrudescence de congestions pulmonaires, entérites, dysenterie et angines. Aussi, je vis mon infirmerie se remplir rapidement. Les soins pouvaient se faire correctement. Enfin je pouvais de nouveau être utile. Les cas graves furent évacués au Lazarett.

Comme, l'infirmerie était bien montée, je pouvais faire de nombreux actes de petite chirurgie dans d'assez bonnes conditions : amputations de doigts, panaris, ablation de kystes, traitement de petites fractures etc. Et, ce qui « m'amusais » le plus, je pouvais extraire des dents, vu que le matériel d'extraction, daviers et autres, était là, et même plomber des dents cariées avec du plâtre. Au moins l'obturation de la dent après asepsie en calmait plus d'un.

Dans ce camp, le personnel de garde, pour la plupart des combattants de 1914/18, n'était pas très méchants et avait même de la compréhension pour nous. Cela se conçoit, ils avaient déjà une guerre derrière eux. Le sous-officier Etzel était un brave homme et mécontent d'avoir à nouveau été mobilisé. En effet, chez lui il était à la tête d'une entreprise de 150 hommes, actuellement au repos, ce qui ne l'enchantait guère. Aussi avait-il fait une demande de démobilisation pour pouvoir s'occuper de son affaire, où il s'estimait plus utile qu'au camp. En guise de réponse il obtint un avancement en grade et fut promu adjudant (Feldwebel) ce qui le mit sérieusement en rage. Surtout que personne ne l'avait félicité !

A peu près deux fois par semaine, il nous apportait, à mon infirmier et à moi, un supplément de « boustiff », soit prélevé sur sa ration, soit issu d'un colis de sa femme. De temps en temps il nous gâtait et nous offrait un cigare, jour faste !

C'est lui qui s'occupait personnellement de la désinfection des vêtements des prisonniers. Un jour, il trouva dans la veste d'un prisonnier un joli couteau, dans une autre un billet de 1000 francs belges, et ceci après la fouille, ce qui était grave. Mais, au lieu de confisquer ces affaires, qui normalement ne devaient plus être en possession d'un prisonnier, il les remit à leurs propriétaires respectifs. Ce fut un Allemand différent des autres, auquel il restait une fibre d'humanité, très appréciable pour des prisonniers.

Le Médecin chef, l'Oberarzt Schwebel, par contre était d'une autre race. Il faisait partie de la nouvelle vague, franchement trempée d'idées super-nazies. Il me proposa un jour de m'apprendre le salut hitlérien « car, disait-il, quand vous serez rapatrié il faudra être à la page. »

Je lui répondis alors que rien ne pressait, j'aurais encore largement le temps de l'apprendre, le moment venu et d'ailleurs en attendant « je suis encore toujours prisonnier. » Ce Monsieur se faisait saluer à longueur de journée par les pauvres prisonniers et les mises au garde-à-vous n'étaient pas rares.

Une petite histoire, que je n'oublierai jamais, m'arriva un jour avec lui. Comme d'habitude, je faisais ma visite à l'infirmerie, le matin. L'Oberarzt venait au camp généralement vers 11 heures, lorsque tout était terminé. Il était habituellement accompagné par son médecin auxiliaire. On se réunissait alors, tous les trois dans la salle d'examen et on discutait un peu médecine. A un moment donné, en pleine discussion, le Doktor Schwebel sortit de sa poche un paquet de cigarettes, en offrit une à son adjoint, en prit une à son tour, puis il referma le paquet, le remit en poche, puis, s'adressant à moi, pour me narguer, me dit froidement : « par principe, je n'offre pas de cigarette à un prisonnier ! » Comme dans l'expérience de Pavlov, j'avais eu un moment l'eau à la bouche, mais cette dernière s'est vite asséchée.

J'avais aussi compris que la confraternité n'était pas un vain mot. Ce que ce Confrère ignorait était qu'un médecin n'était jamais prisonnier, mais seulement interné (d'après la Convention de Genève, mais a-t-elle été et sera-t-elle à l'avenir dans des conflits futurs, respectée ?).

Aussi, lorsque, le lendemain, il refit la même comédie, avant même qu'il ait pu sortir son paquet de cibiches, je m'empressai de bourrer une pipe avec les quelques miettes de tabac qu'il me restait. Quand il fut parti, le jeune médecin auxiliaire, ayant remarqué ma déception, revint sur ses pas et me fila un paquet de cigarettes entier, tout en s'excusant et en traitant le Vieux d'imbécile. Tous nos ennemis ne se ressemblaient pas…

Le 1er août, je reçois la première lettre de mes parents. Je leur avais écrit plus d'une fois depuis le mois de mai, mais malheureusement je n'avais jamais eu de réponse jusque-là. La première lettre qu'on avait le droit d'écrire était déjà toute pré-imprimée (on y lisait : « je me porte bien, la nourriture est bonne, je suis bien logé... » de sorte qu'il suffisait de signer). En somme, un simple signe de vie. Par la suite, nous avions le droit d'écrire tous les mois une carte de 8 lignes, évidemment censurées. La relation avec mes parents était rétablie et nous étions plus ou moins rassurés de part et d'autre.

Entre temps, la vie au Stalag 9 B continuait son petit train, toujours pareil, les arrivées et les départs se succédant continuellement sans relâche.

Mon départ de ce camp fut prévu pour le 21 août 1940. Avec moi partirent sept hommes qui n'ont fait qu'un court séjour dans ce camp. C'étaient cinq infirmiers qui seront dirigés sur Soden-Salm, ainsi que deux médecins belges qu'on envoie à Duisburg. Ma nouvelle destination est Gersfeld /Rhœngebirge.

Toujours sous bonne escorte, le train nous amène au Kriegsgefangenenlazarett/ Gersfeld, où je devais à nouveau fonctionner comme médecin de camp. Cet hôpital était une ancienne salle de fêtes aménagée en Lazarett. Dans la salle de spectacle se trouvaient quatre rangées de lits. Elle pouvait héberger environ 60 malades. On y recevait toutes sortes de malades de médecine interne : pulmonaires, hépatiques, cardiaques, rhumatismes, sciatiques, digestifs, etc. Dans ce théâtre, comme dans tout théâtre qui se respecte, il y avait un balcon. C'est là que je fis isoler les contagieux et spécialement les dysenteries.

Pour chaque malade était faite une observation complète, détaillée. Les soins purent être dispensés correctement. Les médicaments soit d'origine française ou allemande ne manquaient pas. La salle d'examens, l'infirmerie étaient bien outillées. J'avais même un microscope à ma disposition. Aussi fut-ce là que j'ai fait mes dernières colorations de gram, et examens microscopiques de lames. Plus d'un de ces examens me rendit service pour le diagnostic et surtout, cela m'occupait. Dans le frottis d'une plaie torpide j'ai ainsi pu découvrir un spirochète qui m'a permis de diagnostiquer une syphilis, qui s'est confirmé par la sérologie, plus tard. Car nous pouvions envoyer les malades dans un laboratoire pour des analyses de sang ou tout autre produit. De même on pouvait demander des examens radiologiques.

Dans ce Lazarett nous étions à deux médecins pour soigner les malades : un médecin lieutenant anglais, le Dr.Aveling et moi. On avait partagé la salle en deux parties pour le service. Mon confrère s'occupait de la moitié gauche et moi de la droite. Parmi les prisonniers malades on trouvait une majeure partie de Français, des Polonais, quelques Belges et un Anglais. Comme personnel infirmier, le toubib anglais avait un sergent-chef infirmier William et un soldat anglais à sa disposition. Moi-même, pour mon service, j'avais un sergent infirmier français, André et un infirmier, Maurice. Les médecins étaient logés dans une petite pièce attenante à la scène.

A Gersfeld j'ai rencontré beaucoup de camarades, dont Bancelin André et Daviau Robert, que je fréquente encore aujourd'hui. Tous les deux étaient parisiens. André s'occupait principalement de la chaudière à désinfection, lui qui était dans la lingerie fine, alors que Robert, ébéniste d'art, était le désinfecteur spécialisé. En effet, tous les samedis le service de désinfection était en fonction. Tous les prisonniers travaillant en Kommando venaient se doucher dans la cave où le service de désinfection était installé.

Et c'est précisément dans cette cave que se faisaient les petites affaires communes à tous les camps. Ceux qui venaient de l'extérieur disposaient de toutes sortes de produits à vendre ou à troquer : stylos, montres, chandails, souliers, voire alliance. Tout ceci pour pouvoir acheter du tabac.

C'était mon ami Daviau qui faisait l'entremetteur. Par la suite, il venait faire l'article dans la salle en haut, moyennant un petit bénéfice, bien sûr. Il n'était pourtant pas très vorace, quelques pfennigs par-ci, par-là lui suffisaient. La marge bénéficiaire n'était pas grande. Un chandail tout neuf, pourtant tricoté main par une épouse et avec amour, se soldait pour 1 ou 2 Marks, une montre plate Oméga en or pour 4 Marks, une alliance pour 2 Marks, etc. Le tout passait en tabac. Daviau prenait aussi des commandes de cigarettes, tabac, rasoirs et autres produits usuels qu'il fallait se procurer dans un magasin du patelin, situé en-dehors du camp. Et, comme les Sanitaires et eux seuls avaient le droit de faire une fois par semaine, une

A Gersfeld, avec Dr Aveling, André et Maurice.

petite promenade, en dehors du camp avec un planton, Daviau me remettait sa liste de commande et je me chargeais d'acheter les produits demandés pour les lui remettre au retour pour la distribution.

Dans ce Lazarett, nous étions gardés par un Kommando de 6 ou 7 hommes, dont un sous-officier. En outre il y avait un Feldwebel sanitaire et un infirmier allemand qui n'avaient pratiquement pas grand-chose à faire.

Vers 11 heures le matin, le médecin chef, un Stabsarzt avec son médecin sous-lieutenant, venaient s'enquérir de ce qui se passait chez nous. Nous rédigions et corrigions les observations qui devaient être tenues à jour. Bien entendu, à ce moment-là, je n'étais pas encore très familiarisé avec la rédaction d'observations en allemand. Pour une fois malheur est bon, car ces exercices me furent très utiles par la suite. Une fois par semaine, le médecin capitaine faisait la grande visite, ou à défaut son lieutenant. Le capitaine, vrai médecin militaire d'active allemand, ne s'intéressait guère à la médecine proprement dite et aux soins. Il s'occupait surtout de l'hygiène des lieux. Il cherchait la poussière partout. Son arrivée au camp était toujours très remarquée. La garde tremblait et l'on n'entendait à ces moments-là plus qu'engueulades et claquements de bottes, tout le monde était sur pied.

Il faut pourtant dire qu'il ne s'en prenait pas aux prisonniers. Par contre les hommes du Kommando de garde le sentaient passer, si par malheur l'un d'eux n'était pas à son poste. Il faut dire que tout ce cirque ne nous déplaisait pas, pour une fois que cela ne nous concernait pas. Le médecin lieutenant, par contre, exigeait qu'on lui présente et explique les cas, et c'est avec lui qu'on faisait la paperasserie.

Comme tous les camps de prisonniers, le Lazarett était entouré de barbelés. Et juste à côté se trouvait un terrain de football. J'obtins du Feldwebel la permission de fonder deux équipes de footballeurs avec des gars moyennement valides et d'aller jouer un match sur ce terrain proche, une fois par semaine, évidemment toujours sous surveillance vigilante. Les Français, les Belges et les Polonais firent partie des « sportifs ». Aucun Anglais par contre ne s'intéressa à ce sport. Pour nous, ces ébats de l'autre côté des barbelés constituaient un délassement et surtout un avant-goût de liberté relative minime. En plus cela nous ouvrait l'appétit.

La nourriture n'était malheureusement pas toujours suffisante de sorte que j'adressais plus d'une réclamation au Feldwebel qui, par la suite, y remédia momentanément. Je crois que le cuisinier, mobilisé civil et brute par surcroit, se remplissait les poches en prélevant sur la ration qui nous était destinée.

Malgré cela, il régnait une franche camaraderie entre les prisonniers, bien que les Anglais fissent toujours bande à part. En fait, ils étaient mieux lotis que nous. Ils touchaient tous les mois leur colis de provisions avec des conserves de toutes sortes, eggs, bacon, lait condensé, biscuits, etc., que leur envoyait leur Croix Rouge, qui semblait beaucoup mieux organisée que la Croix Rouge Française. Néanmoins il ne serait jamais venu à l'idée des Anglais de partager le contenu de leur colis, de façon si minime soit-elle, avec un prisonnier français. Bien au contraire, ils s'exhibaient ostensiblement devant nous, eux « les Privilégiés ».

Pour nous faire passer le temps, nous organisions de temps à autre une petite fête avec les moyens du bord. Comme sur la scène il restait un piano, l'un de nous, musicien, se fit accompagner par un camarade qui chantait. L'animateur de ces festivités était Daviau avec son éloquence et son bagout tout parisiens. Parmi les malades de cet hôpital j'en ai fait rapatrier plus d'un pour affection incurable, évidemment non existante.

Ce fut notamment le cas de mon ami Daviau qui réussit à simuler à merveille une forte dépression nerveuse frisant même la folie et la tendance suicidaire.

De même Richardot, qui souffrait d'une soi-disant parésie brachiale et qui, dans ses moments de loisirs, nous servait de gardien de but, ne se ménageant pas pour plonger sur le ballon, quitte à remettre son bras malade dans une écharpe au moment de la visite médicale. Beaucoup de ces « grands malades » furent ainsi rapatriés alors que moi, je continuais à « poiroter » au camp. Ceci fut d'autant plus inexplicable que les prisonniers Alsaciens étaient libérés depuis longtemps par les Allemands.

Le 20 novembre on m'annonce enfin ma libération prochaine. A cette occasion mes camarades organisèrent une petite fête en mon honneur, avec speech, musique et chants. J'en fus réellement fort ému. Le camarade Richardot composa même un poème qu'il me remit à la fin de soirée et dont voici le texte :

En l'honneur du Docteur Gaston Weber
Bientôt, cette semaine, demain peut être
Il va nous quitter pour regagner la France.
Ça fera un grand vide parmi nous
Car nous nous étions pris à l'aimer
Non plus comme un supérieur, mais comme un ami
On pouvait lui confier nos craintes et nos espérances
Il savait comprendre notre souffrance
Lui aussi comme nous, il a connu des malheurs
Bien des fois, sur cette terre d'exil, il a versé des pleurs
Mais il a pris son mal en patience
Et bientôt pour lui, ce sera la délivrance
Ceux qui ont fait du sport avec lui, au grand air
Ont connu sa droiture et son franc caractère
Et je suis sûr que lorsque ses pieds fouleront la Terre de France
Il aura une pensée pour tous ceux qui sont loin de leur Patrie
C'est pourquoi, ce soir, où nous sommes tous réunis
Au nom de tous les camarades, je lui souhaite « Bonne chance »
Le 24 novembre 1940.
« Richardot »

Retour en Alsace

Le 28 novembre 1940, alors qu'il faisait déjà bien froid, et après avoir pris congé de tous mes bons camarades, je fus une nouvelle fois dirigé sur Zygenhain, où j'arrivai en pleine nuit. Avec toutes les peines du monde on arriva à me loger dans une baraque pleine à craquer. A noter que depuis mon premier passage dans ce camp, les tentes avaient été remplacées par des baraquements.

Je ne connais personne et je suis très fatigué. Aussi je m'étends tout habillé dans un cadre en bois destiné à recevoir un paillasson. Je passe la nuit dans ce cadre de bois sans paillasson, ma valise me servant d'oreiller, question pratique d'abord, de sécurité ensuite. La nuit se passa quand même bien malgré mon lit inconfortable. A cet âge on dort n'importe où et n'importe comment.

Ce n'est que le lendemain que je me rendis compte que les tentes avaient disparu. Tout le monde logeait à présent dans des baraques en dur. Je me rendis alors avec mon barda dans une baraque dite « baraque des Médecins ». Il n'y avait plus de lit disponible. C'est alors que j'apprends par un médecin auxiliaire qu'à l'infirmerie de camp il y avait une chambre où logeait un médecin commandant français qui venait de quitter le camp il y a deux jours. Sans tarder je saute sur cette occasion, ne demandant l'avis de personne et je m'installe dans la chambre de l'ex commandant. J'y trouvai un bon lit de camp avec des draps qui n'étaient guère propres. Mais qu'importaient ces détails, pourvu que je puisse me reposer et dormir, je ne me souciais pas du reste. J'y passai de toute façon une meilleure nuit que le précédente.

C'est là aussi que je rencontrai un médecin lieutenant de Mulhouse qui fit semblant de ne pas me connaître. Vu les circonstances du moment, je n'insistai évidemment pas. Il avait ses raisons s'étant fait passer comme protestant, de Rouen je crois : il avait cependant été reconnu par les Allemands comme appartenant à une toute autre religion. Aussi lui avait-on interdit d'exercer la médecine au camp. Moi, pour ma part, je n'ai nullement cherché à me rendre utile dans ce camp, je n'aspirais qu'à rentrer chez moi. Pendant la journée je me promenais dans le camp en attendant les évènements et en espérant que personne ne vienne occuper ma chambre aussi longtemps que je serai encore là.

Le 31 novembre, lors de ma promenade habituelle dans les allées du camp, j'entendis au passage deux prisonniers discuter ensemble en alsacien. Je les accostai et me fis connaitre. Ils me demandèrent tout de suite mon numéro matricule. En m'entendant prononcer le N°20242, ils sautèrent de joie. Pour ma part je ne comprenai pas tout de suite leur réaction. Ils m'expliquèrent alors que depuis deux mois ils cherchaient vainement le prisonnier alsacien, matricule 20242 qu''il leur fallait à tout prix pour compléter un convoi vers l'Alsace, faute de quoi, pas de départ. Ils étaient trois à poiroter ainsi dans l'attente du quatrième homme pour pouvoir enfin être rapatriés. Aussi m'emmenèrent-ils immédiatement chez le commandant du camp qui ordonna notre départ pour le 2 Décembre. Les papiers furent réglés et ainsi nous n'étions plus qu'à deux jours de notre libération.

Evidemment nous ne tenions nullement à nous perdre de vue, et nous étions tout le temps fourrés ensemble à la cantine du camp. C'est là que j'ai pu constater qu'un certain sous-officier – du moins portait-t-il l'uniforme de sous-officier français – avait un brassard sur lequel on pouvait lire « Police du camp ». C'était un Lorrain. Il parlait très bien le français, mais je me rendis vite compte qu'il était dans les petits papiers des Fritz. Il avait la fonction de « mouchard ». Je ne m'étais pas trompé sur son compte, je ne cessais de l'observer et j'avais pu constater qu'à certains moments de la journée il quittait le camp en civil, quitte à endosser, à son retour l'uniforme de PG Français, et à vendre les copains. Aussi, avant notre libération, il entra en contact avec nous en essayant de nous tirer les vers du nez, mais il n'arriva pas à ses fins. La méfiance ne m'a jamais quitté pendant toute ma captivité, il fallait toujours être sur ses gardes. Pauvre humanité !

Le 2 décembre nous nous présentons au bureau du commandant, lequel, avec son adjoint, nous fait passer la dernière fouille et nous dévalisent de l'argent français qui nous restait et qu'on avait camouflé jusque-là, ne soupçonnant évidemment pas cette éventualité. Mais en plus on nous subtilisa encore d'autres effets, même vestimentaires que nous avions acquis lors de notre séjour en captivité, notamment un pantalon et une paire de chaussures, ainsi que d'autres bricoles. Mon portefeuille fut littéralement mis à sac. C'est bien simple, lorsque le commandant me le rendit il était presque vide. Toutes les adresses des copains avaient disparu, de même que des papiers personnels. Nous n'avions rien à objecter, pauvres prisonniers que nous étions. C'était l'ultime acte de charité que l'on prodiguait aux Alsaciens qui allaient être libérés, en vue d'en faire d'excellents sujets allemands.

Après cette fouille minutieuse, nos bagages furent « scellés ». Ainsi allégés nous sommes pris en charge par une sentinelle qui nous escorte vers la gare, où nous prenons le train pour Treysa-Francfort et Mannheim. A Mannheim, nous passons la nuit dans une caserne où nous trouvions des lits pour se coucher, mais pas de couvertures, et dans la chambrée, plus de fenêtres. Villa des courants d'air !

Le 3 décembre 1940, nouveau départ en direction d'Offenburg où nous serons logés au Heilag V C. Dans ces baraquements nous rencontrerons de nombreux camarades attendant leur libération. C'est dans ce camp que nous entendîmes siffler les sirènes la nuit. C'était l'alerte pour annoncer le passage d'avions alliés qui partaient pour une attaque aérienne. Ceci, pourtant n'inquiétait personne dans notre chambrée, bien au contraire. Plus d'une fois, cette nuit, nous serons ainsi survolés par des vagues d'avions. Aussi, dès que la sirène se mettait à hurler, un sous-officier allemand se précipitait dans les chambrées et ordonnait l'extinction immédiate des lumières, interrompant ainsi plus d'une partie de belote.

Le lendemain, chacun de nous fut appelé individuellement chez le chef de camp. Il nous fit toutes sortes de recommandations, nous apprenant, entre autres, qu'à présent il fallait nous considérer comme Allemands. La plupart lui auraient signé n'importe quoi, car il s'agissait de retrouver leur foyer avec les leurs. Quelques-uns cependant se montrèrent réfractaires et furent refoulés dans leur camp d'origine. Belle affaire, je ne sais s'ils ont bien fait, ils auraient sûrement pu se rendre utiles autrement. Le 4 décembre, une fois les formalités remplies et après avoir passé une ultime fouille et nos bagages, une nouvelle fois scellés par un fil de fer et des plombs, nous fûmes embarqués en direction de Strasbourg à 10 heures du matin. Nous arrivons à Strasbourg à 13 heures 30. On nous amène à la Préfecture et à partir de ce moment "nous sommes libres".

Après avoir déjeuné à la Taverne, nous allons nous promener dans Strasbourg que j'avais quitté en 1938. Nous étions tous encore en uniforme français. Nous poussons notre balade jusqu'à l'Orangerie. Au premier abord, la vie à Strasbourg ne semblait guère avoir changé. Les gens semblaient être les mêmes, sauf que l'on y remarquait de nombreux militaires allemands que l'on n'avait pas l'habitude de voir avant la guerre. La population semblait déjà s'être habituée à leur présence. De temps en temps il nous arrivait cependant d'être croisés par des passants qui nous admiraient, nous lançaient des sourires affectueux tout en disant pour qu'on l'entende : "tiens des petits Français". Cela nous faisait grandement plaisir et nous touchait droit au cœur. La France et la langue française n'étaient pas encore tombées dans l'oubli. D'autres, par contre, nous lançaient des regards méprisants, mais cela nous importait peu. Nous en avions vu d'autres. L'essentiel pour nous était d'être libres, au moins pour le moment.

Nous nous doutions bien de ce qui allait nous arriver par la suite, ayant pris l'habitude, pendant la captivité, des méthodes qui vraisemblablement allaient nous régir dorénavant.

Vers 15 heures je me séparai de mon camarade à la gare de Strasbourg, où chacun prit le train qui devait enfin le ramener dans sa famille. A mon arrivée à Mulhouse je pris un taxi qui me ramena chez moi. Je me jetai dans les bras de mes parents, qui, non prévenus de mon retour, fondirent en larmes.

Il va sans dire que, durant mon voyage de Strasbourg à Mulhouse, je fus questionné de toutes parts par les voyageurs. Je ne leur donnai que de très vagues explications, ayant déjà appris au camp à me méfier de tout le monde. Je n'avais nullement envie d'être réexpédié au camp de prisonniers, comme ce fut le sort de plus d'un, trop loquace et à la langue trop déliée.

Je restai chez mes parents jusqu'au 15 décembre 1940. Je fus cajolé par ma mère, qui me faisait des petits plats, comme elle savait le faire. Je mangeais, enfin, de nouveau à ma faim, car j'avais perdu près de 10 kilos.

Je me reposai, je remplis les formalités et les formulaires qui ne manquèrent pas d'affluer : arrivée à Mulhouse, démobilisation, reconstitution de l'état-civil, renseignements de toutes sortes appartenance politique, à des sociétés ou sectes, perception des cartes d'alimentation, de vêtements, de tabac etc.

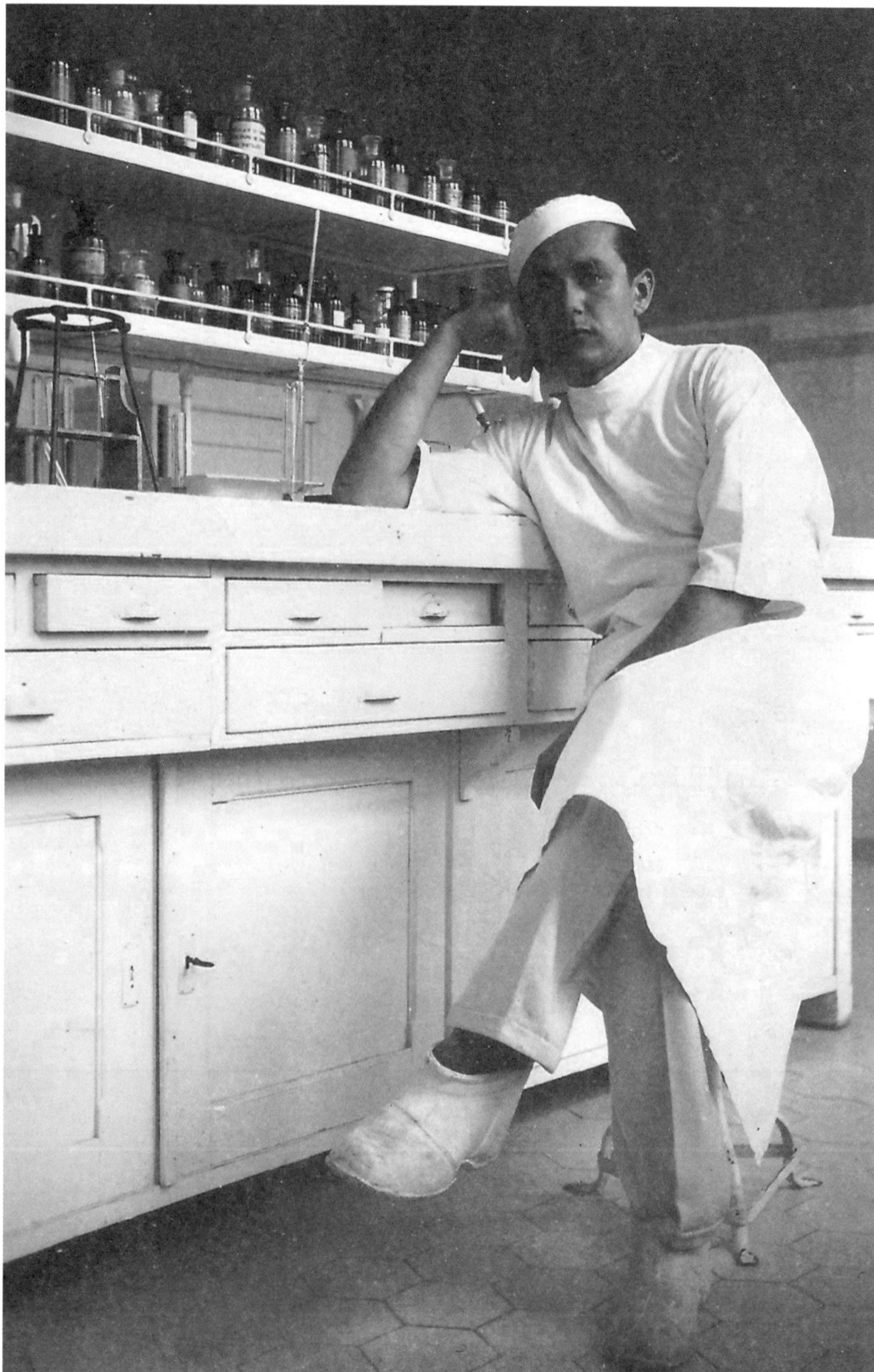

Haserain allemand

Comme je n'avais nulle envie de lambiner, de rester oisif à ne rien faire, j'allai me présenter au nouveau médecin chef du Hasenrain dans le but de reprendre mon poste d'avant-guerre. Je fus reçu par le Dr Irrmann qui avait succédé au Dr Stricker, et au Professeur Kleinknecht. Et le 15 décembre je repris ma place au Service de chirurgie sous les ordres du Dr Irrmann, chirurgien en chef. Le service, comme médecin assistant était le même qu'avant-guerre. Les sœurs garde-malades étaient encore toutes à leur poste.

Par contre, dès le premier jour de reprise de service, les paperasseries, formulaires, Fragebogen de toutes sortes ne cessèrent d'affluer. En tout premier lieu, le médecin chef me prévint gentiment que mon prénom Gaston n'était plus d'usage Heureusement je disposais d'un second prénom en réserve et qui lui est reconnu dans tous les pays. A partir de ce jour, je m'appelai « Josef ».

Comme on l'a vu plus haut, je suis né sous le régime administratif allemand et, autant que j'ai pu l'apprendre de mes parents, le nom de Gaston faisait déjà mal aux oreilles des Allemands d'alors. Mais, comme mes parents insistèrent, l'administration allemande d'alors laissa passer, à l'opposé de l'administration nazie et butée de 1940. Chaque nom ou prénom à résonance tant soit peu française fut changé. J'ai connu un cas, où trois frères d'une même famille avaient des noms différents. Cette procédure était réservée spécifiquement aux Alsaciens.

En effet il fut assez surprenant que des généraux allemands, anciens Huguenots pussent garder leurs noms français, tels par exemple Marseille, Galland, etc. D'autant plus que mon prénom Gaston serait dérivé d'un mot germanique désignant un terrain bas et sablonneux, que l'on retrouve dans le français : Gâtine (où le â, a valeur de as - Gastine). Ce nom a dû désigner l'habitant d'un tel lieu. Me voilà donc renseigné, mais les autorités nazies ignoraient ces subtilités.

Le premier formulaire à remplir fut le « Fragebogen zur erstmaligen Meldung ». Outre le nom, prénom, date de naissance, résidence etc., j'avais à répondre à des questions comme : possédez-vous la nationalité allemande ? Êtes-vous d'origine germanique ? Aryenne ? Êtes-vous membre d'une organisation nationale-socialiste ? Évidemment à toutes ces questions il fut répondu par la négative, sauf pour l'origine aryenne. A la question de nationalité on marqua généralement « Alsacienne ». De cette façon on ne se compromettait pas, ou tout au moins on le croyait. A ce formulaire devait en outre être joint un Curriculum Vitae. Ceci fut fait le 19 décembre 1940. En janvier 1941, la Reichsarztekammer Baden nous obligea, les assistants, à nous abonner à son journal : Aerzteblatt für Süd westdeutschland.

Cela fit suite à un avertissement sévère, stipulant que, si l'abonnement au journal n'était pas pris dans les trois jours, des mesures disciplinaires seraient immédiatement prises. Où était la liberté ? Il y eut aussi des ramassages, des collectes de chiffons, de papier, de vieux livres.

La vie, au Casino des médecins, était manifestement antinazie. A part les chefs, personne n'était inscrit dans une formation nationale-socialiste, et encore, ils n'étaient inscrits qu'à l'« Opferring » qui n'était pas une formation très active. Le grand patron, par contre faisait partie du NSKK (Kraftfahrerkorps) dans lequel il avait le grade de Schaarfuhrer.

L'Oberburgermeister Maas (Maire de Mulhouse) venait assez souvent faire un tour d'inspection dans « son hôpital ». Je me souviens encore du jour où Madame, Frau Maas fut opérée. J'ai dû assister le patron lors de cette intervention. Quelle ne fut pas ma surprise de voir Herr Maas entrer en salle d'op., alors que cette tolérance n'est, en principe, accordée qu'à un médecin lors de l'opération d'un membre de sa famille, s'il y tient. Était-ce par curiosité ou par méfiance que le mari voulait être présent ?

J'avais ce jour-là mis mes beaux pantalons kaki de ma tenue militaire française. Pendant que je me lavais, avant l'opération, je sentis qu'un regard perçant fixait mon pantalon qui débordait sous le tablier de caoutchouc. Sans doute ce vestige de l'Armée française éblouissait la vue de Monsieur le Maire ou bien lui faisait mal aux yeux. Toujours est-il que le lendemain le patron ne manqua pas de me faire remarquer qu'il serait plus opportun de mettre un autre pantalon à l'avenir. Sans doute le Maire avait fait une remarque. Ce fut aussi, à cette époque que le Dr Gross René, un autre assistant, s'évada en France où il s'installerait plus tard à Montbéliard.

Le 19 juillet 1941, le médecin chef fit parvenir à tous les assistants une circulaire, nous incitant à nous faire enrôler dans une formation nationale-socialiste. Elle était rédigée comme suit :

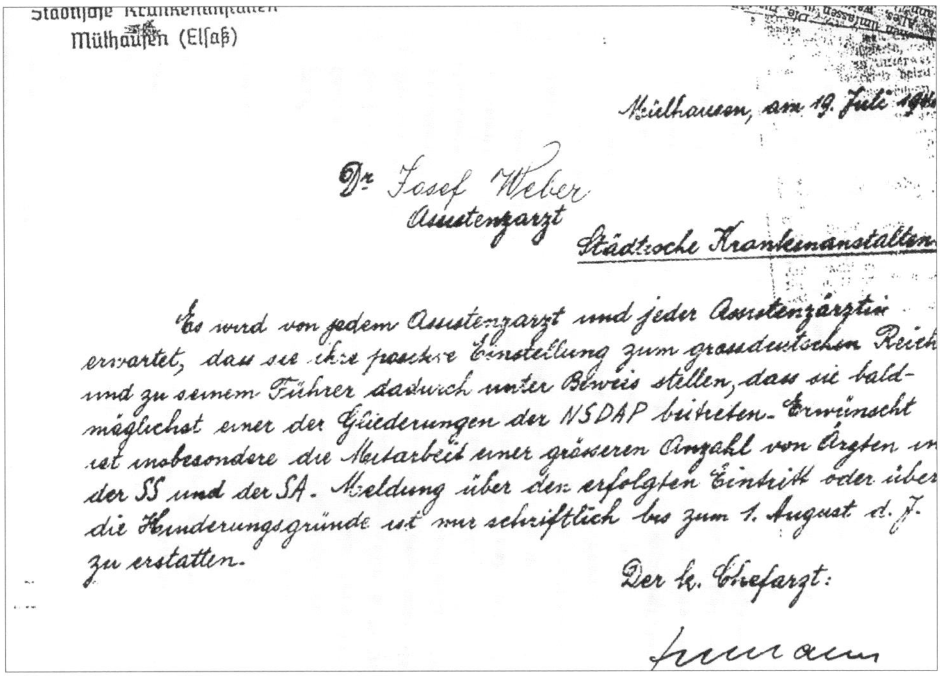

Städtische Krankenanstalten
Mülhausen (Elsaß)

Mülhausen, am 19. Juli 1941

Dr. Josef Weber
Assistenzarzt
Städtische Krankenanstalten

Es wird von jedem Assistenzarzt und jeder Assistenzärztin erwartet, dass sie ihre positive Einstellung zum grossdeutschen Reich und zu seinem Führer dadurch unter Beweis stellen, dass sie baldmöglichst einer der Gliederungen der NSDAP beitreten. Erwünscht ist insbesondere die Mitarbeit einer grösseren Anzahl von Ärzten in der SS und der SA. Meldung über den erfolgten Eintritt oder über die Hinderungsgründe ist mir schriftlich bis zum 1. August d. J. zu erstatten.

Der k. Chefarzt:

Mon camarade Beck Robert et moi fîmes savoir au Chef que nous étions inscrits comme membres "honoraires," au NSFK (Fliegerkorps), ce qui n'existait pas.

Sur ce, nous eûmes momentanément la paix, ce qui était l'essentiel : nous étions néanmoins obligés de participer à des réunions (Betriebsappel) ou autres fantaisies de ce genre. Il fallait y assister, on était pointé et contrôlé à l'entrée de la salle.

En mai 1942 de nouvelles « Verfügungen » nous parvinrent pour être signées. Il s'agissait notamment des Verfügungen 84 et 392 libellées comme suit : « Une autre circulaire concernant le Recrutement de Volontaires pour la Wehrmacht. Réf. Décrets N°23 et N°52 du 23 Mai 1942.

1° Erklarung .

Ich erkläre hierdurch,dass ich durch Zwei Aufrufe geworben worden bin mich freiwillig zur deutscen Wehrmacht zu melden.

2° Zum Aufruf "Freiwilligenmeldung".

Der Aufruf der els. Weltkriegteil nehmer und der Freiwilligen des jetzigen Krieges ist mir bekannt,ebenso die Erklärung des Gauamtsleiters zu diesem Aufruf.

Ich werde mich beim zuständigen Kreisbezirkskommando melden

3° Verpfichtungsschein.

Ich bin deutschblütiger Abstammung und erkläre,mich in die SA der NSDAP als Anwärter einreihen zu lassen.

Ich bin bereit,mich mit allen meinen Kräften in den Dienst der SA zu stellen und dem Obersten SA-Führer Adolf Hitler Gehorsam zu leisten.

Stipulant : Vous avez refusé de signer la Déclaration exigée ainsi que l'additif écrit s'y rapportant : « Je vous adresse par la présente, par conséquent, à ce sujet une réprimande sévère. Une Copie de cette dernière sera adjointe à votre dossier personnel. J'exige votre prise de position. » Je n'ai évidemment ni répondu, ni signé ces circulaires. Nous verrons plus loin quelles en furent les conséquences.

Pendant cette période je travaillais au Service de Chirurgie, sous l'autorité du Dr Irrmann, chirurgien en chef. Le travail, au point de vue technique, ne différait pas de celui d'avant-guerre. Chaque assistant avait son Service. Il opérait lui-même ou assistait le patron ou le chirurgien adjoint (Oberarzt Dr Paul Muller) qui avant-guerre se nommait Premier Assistant.

Les histoires de malades (Krankengeschichten = Observations) étaient rédigées obligatoirement en allemand, ce qui ne fut pas commode au début, les termes techniques n'étant pas forcément les mêmes qu'en français, comme nous l'avions appris. Pour ma part, je n'avais jamais fréquenté l'école allemande et ne connaissais donc que l'allemand appris en classe. Heureusement, et l'Alsacien aidant, j'ai toujours été très fort en langues. De sorte que je me débrouillais assez bien, d'autant plus que j'avais déjà été dressé antérieurement durant ma captivité. A quelque chose malheur est toujours bon.

Une innovation était cependant à signaler dans le service : le « Durchgangsverfahren ». Ainsi, lorsqu'un blessé était accidenté du travail, avec une blessure même minime, il était dirigé immédiatement sur le Durchgangsarzt, en l'occurrence le Dr Irrmann. Ce dernier, ou plutôt l'assistant de garde, faisait le constat, la description détaillée des lésions et prodiguait les premiers soins. Ensuite le blessé, s'il ne devait pas être hospitalisé, était renvoyé à son médecin traitant pour la continuation des soins, s'il pouvait être traité à domicile. Les cas plus graves étaient traités et suivis directement au Service, soit hospitalisés ou traités ambulatoirement.

Après un délai fixé par le Durchgangsarzt le médecin traitant devait renvoyer obligatoirement les blessés au Durchgangsarzt pour contrôle. Ce dernier jugeait alors si la continuation des soins était nécessaire, s'il fallait prolonger l'incapacité de travail ou bien fixait la date de la reprise éventuelle du travail.

Toutes les remarques du Durchgangsarzt étaient ainsi formulées en quatre exemplaires : 1° pour l'Employeur - 2° pour le Hasenrain - 3° pour le médecin traitant - 4° pour la Caisse de maladie. Cette façon de procéder n'était en somme pas mauvaise. Ainsi, tous les accidentés du travail étaient centralisés et dirigés, et la date de reprise du travail était impérative. Le Durchgangsarzt était en somme le Médecin conseil pour les A.T., en fait un Chirurgien qualifié, et aussi un Trieur, ce qui était logique. Evidemment il touchait son cachet, à savoir R.M 4 (80 frs français à l'époque) par accident, ce qui n'était pas si mal, vu le nombre journalier des cas qui défilaient. Un extra pour le chef, pas pour les assistants.

J'avais mentionné plus haut que la rédaction des Observations n'était pas aisée en allemand. Plus d'un Assistant éprouvait des difficultés à s'exprimer correctement en bon allemand, même les Alsaciens. Je me souviens qu'un jour un de mes camarades, étant de garde, vit arriver un chef SA avec un blessé, à suturer. En général le médecin quand il opère un blessé reste seul avec lui assisté par un confrère et le personnel infirmier. Évidemment le SA-Mann rentra tout de suite dans la salle d'opération avec son compagnon pour assister à ce qui allait se faire ou arriver à son protégé, toujours la méfiance ou le privilège ! Mon camarade pria alors le SA-Mann de quitter la salle. Pour ce faire et voulant être poli, il lui dit : « Ich bitte Sie auszutreten », ce qui, en allemand, a une tout autre signification : Je vous prie d'aller au WC ! Il obtempéra néanmoins, pas très content, mais ayant quand même remarqué que le médecin était de

bonne foi. Des lapsus de ce genre étaient journaliers. En somme, nous n'avions appris l'Allemand au lycée que comme langue étrangère et ignorions ces finesses, nous ne la possédions par conséquent pas à la perfection.

C'est aussi à cette époque que les Alsaciens commençaient à être incorporés de force, sans leur avis. Néanmoins nous pouvions arrêter plus d'un appelé, ou au moins retarder l'heure de son enrôlement dans la Wehrmacht. Plus d'une appendicite « fantaisiste » fut opérée pour soustraire momentanément le soi-disant malade à la mobilisation ou à l'Arbeitsdienst (service du travail). Nombreux furent ceux qui tiraient de cette façon sur la corde pour reculer l'heure fatale, le plus longtemps possible. Les cas furent traînés en longueur, les plaies suppuraient anormalement, les cicatrices furent infectées volontairement. Les simulations de toutes sortes furent employées : courbes thermiques, vitesses de sédimentation truquées, névralgies sciatiques traînées en longueur pendant des mois. On essayait aussi de fracturer des membres ce qui entre nous soit dit est très difficile, même sous narcose, alors qu'en pratique, dans la vie courante avec souvent un petit accident l'on

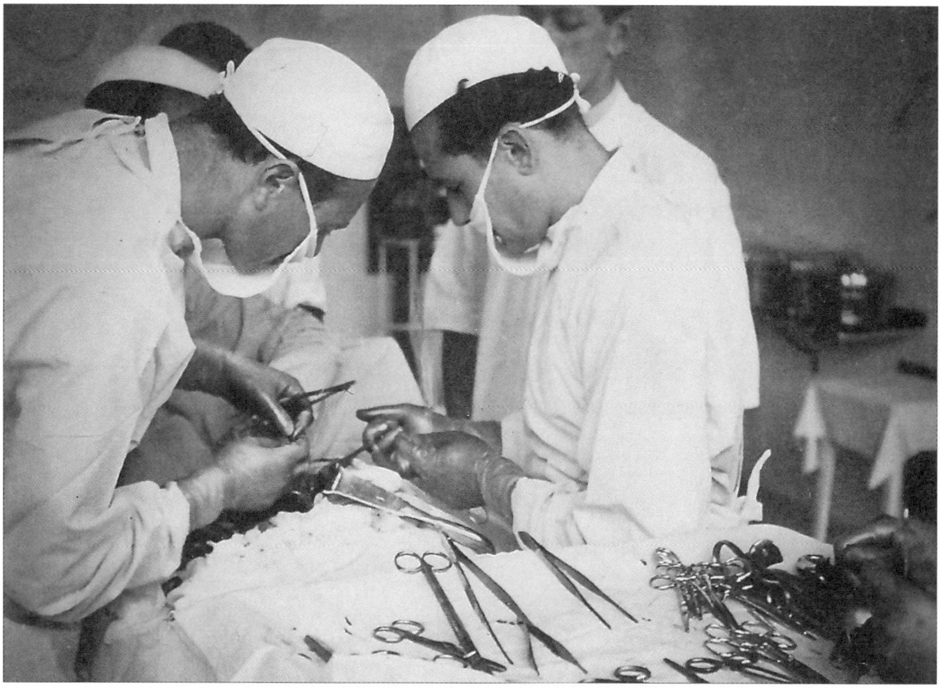

provoquera une fissure ou même une fracture. Même avec des essais infructueux on immobilisera des membres dans des plâtres pendant des durées variables suivies de rééducation.

Un de ces cas, un peu spécial cependant, me revient juste à l'esprit. Il s'agissait d'un jeune paysan qui fut traité dans l'intention de le soustraire au service militaire, pour une soi-disant arthrite de la hanche, qui n'existait naturellement pas. Il devait évidemment rester alité pendant assez longtemps, pour rendre la chose plausible. La fièvre fut provoquée artificiellement, la vitesse de sédimentation truquée en conséquence. A noter que des contrôles par des médecins allemands se faisaient périodiquement. L'observation de ce « grand malade » était inventée de toutes pièces du début à la fin et parlait d'une affection aiguë très sérieuse. Malgré l'insistance du Centre Mobilisateur qui réclamait notre bonhomme pour en faire un bon défenseur du Reich, il fut absolument impossible de mobiliser un si grand malade.

Ce jeune homme se traîna ainsi, durant toute la durée de la guerre, dans le Service de Médecine et arriva finalement à se faire réformer définitivement, ce qui lui évita d'être enrôlé dans la Wehrmacht et peut-

Haserain, 23 septembre 1941.

être de tomber sur le champ de bataille. Il devait donc une fière chandelle aux médecins qui l'avaient soigné. A signaler également que pendant tout le temps de son hospitalisation, il ne cessa de proclamer que si la France l'avait appelé sous les drapeaux, il aurait été le premier à être volontaire. C'était louable ! A la Libération il quitta l'Hôpital sain et sauf.

Mais quelle ne fut la surprise du Médecin chef du Service de Médecine lorsqu'il vit rappliquer le « rescapé » à qui l'on avait confectionné un dossier truqué pour le sauver de l'incorporation, sous la lourde responsabilité des médecins, pour venir demander un certificat lui permettant de toucher une rente pour les longs mois d'immobilisation durant la guerre. Le Médecin chef trouva cette demande quand même culottée et sermonna durement ce « client » peu intéressant. Evidemment cet ultime service lui fut refusé et le bonhomme fut renvoyé sans autre forme de procès. Et les cas de cette espèce n'étaient, paraît-il, pas rares. Les égoïstes, les profiteurs, les parasites se trouvent tout au long de la vie. Ce sont toujours les mêmes et ils n'ont aucun scrupule vis à-vis d'autrui.

Le 1er octobre 1941, une place d'assistant devint vacante au Service de Gynécologie-Accouchements du Dr Fournier. Je quittai la Chirurgie pour aller m'initier et me familiariser avec cette nouvelle discipline, car, notre stage fantôme effectué à la Faculté ne m'était d'aucune d'utilité.

Dans ce nouveau Service le travail ne manquait pas. Nous opérions tous les jours et les accouchements affluaient en nombre. Après les stages en chirurgie, j'étais maintenant initié à une nouvelle technique opératoire. Mon Patron, excellent opérateur m'apprendra les secrets de cette discipline. Il s'agissait tout d'abord d'apprendre à examiner un bas-ventre de femme, à faire un toucher vaginal et autres examens correctement. Ceci ne s'acquiert pas spontanément, en autodidacte. Il faut que ces opérations se fassent sous la direction et le contrôle d'un Patron pour être rentables. De très nombreux touchers sont nécessaires pour pouvoir faire un diagnostic correct et juste.

Je faisais, évidemment des curetages et j'assistais le Patron pour les opérations journalières. Lui-même m'assistait, d'autre part, dans certaines opérations que j'étais capable de faire par mes propres moyens comme, par exemple, fixation d'un utérus à la paroi pour descente utérine (Doléris), ablation d'une annexe, ou même une opération plastique pour cystocèle, des périnéorraphies après épisiotomie, etc.

Mais ce qui fut le vrai but de mon passage dans ce Service et qui me servira le plus, plus tard, ce fut surtout l'Obstétrique : apprendre à mener à bien, par mes propres moyens, un accouchement, forceps, siège présentation transversale, procidence du cordon, etc.

Je profitai largement des connaissances techniques de mon nouveau Patron jusqu'au 24 novembre 1942, date à laquelle je dus quitter ce service pour une autre destination, non choisie par moi-même.

Travail obligatoire en Allemagne

Ayant refusé de signer les circulaires relatives à la propagande en faveur de l'enrôlement des volontaires pour la Wehrmacht je fus contraint d'aller travailler en Allemagne, après avoir reçu au préalable de Monsieur l'Oberbürgermeister Maas, un blâme qui figurait dans mon dossier personnel.

En ces temps-là, ces ordres de départ étaient des ordres impératifs « mit sofortiger Wirkung » (immédiatement et sans délais). Les contre-ordres n'existaient pas. Après quelques préparatifs sommaires, je me mis donc en route pour Jestetten / Baden via Waldshut.

A noter, qu'au passage du train par Bâle, les wagons furent bouclés et surveillés par les SS qui contrôlaient les papiers des voyageurs. Ceci pour empêcher la fuite éventuelle, l'évasion des occupants du train au moment du passage en territoire suisse. Au début, en effet, plus d'un s'était laissé choir à ce moment, par la portière ou la fenêtre et avait ainsi choisi la liberté en Suisse. D'où le renforcement du contrôle par la police allemande, par la suite.

J'arrive à Jestetten le 24 novembre 1942 au soir, après avoir pris l'autobus à la gare de Griessen. Arrivé à destination, je vais me présenter au médecin que je serai dorénavant appelé à remplacer, et à sa famille. Il s'agit du Kreismedizinalrat, Dr Lichtenberger, qui est malade, souffrant d'artériosclérose et de séquelles d'hémiplégie.

Après une mise au courant sommaire, je suis logé à l'Hôtel Restaurant Zum Löwen, où j'aurai ma chambre pendant tout mon séjour en Allemagne. A noter qu'avant mon départ pour l'Allemagne j'avais laissé pousser une petite moustache, à toutes fins utiles, en vue d'une évasion ultérieure possible.

Le lendemain je fis ma première consultation dans la maison des Lichtenberger. C'était, en somme, comme partout ailleurs. Je n'ai rencontré aucune difficulté et n'étais nullement dépaysé, même pas par la langue. Les visites à domicile étaient prises par l'épouse et la fille du médecin.

Au premier contact avec les civils allemands, je remarquai cependant que quelque chose en moi les troublait. C'était ma moustache, on me prenait pour un ressortissant Grec. D'ailleurs cette moustache était difficile à entretenir, je l'ai fait sauter après trois semaines. J'ai d'ailleurs réalisé mon dessein plus tard sans l'aide de la moustache. Je faisais donc mes consultations au domicile même du Dr Lichtenberger et je prenais mes repas au restaurant Zum Löwen où je logeais.

Pour les visites, la fille du médecin, une jeune veuve de guerre, m'accompagnait, en tant que chauffeur, dans ma tournée du porte-à-porte. Cela m'arrangeait, d'une part parce que je ne connaissais pas du tout la région, et d'autre part, alors qu'il faisait très froid dans ce pays à pareille époque, je n'eus pas à chercher longtemps mes clients. D'ailleurs, cela arrangeait également mon mentor, car elle en profitait pour ramener des victuailles qu'elle allait chercher dans les fermes des patelins voisins. Tout ce que l'on pouvait se procurer, en ces temps de restrictions, était appréciable, surtout chez les paysans, lesquels n'oubliaient quand même pas leur vieux médecin. (Je n'ai pas l'impression qu'il en serait encore de même dans notre temps.)

Situons un peu la famille du médecin que je remplaçais. Le docteur L. avait été le premier Ortsgruppenleiter de la région après l'avènement d'Hitler en 1933. (En somme un super-maire). Comme il faisait bien son travail, on le récompensa par un diplôme d'honneur du Parti NSDAP. Il arborait évidemment l'insigne du Parti, comme tout Allemand qui se respectait. Néanmoins, je n'ai jamais été incommodé par lui ou sa famille, question politique. Ils avançaient bien sûr des idées nationales-socialistes, mais ne cherchèrent nullement à me les imposer.

Frau Doktor était Frauenschaftsführerin, comme il se doit. Une seule fois le docteur me demanda si je voulais l'accompagner à une réunion politique au Restaurant Zum Lœwen. Ayant refusé, je ne fus plus jamais sollicité pour pareille corvée par la suite. Je leur confiais librement que cela ne m'intéressait pas et ils ne m'en voulaient pas.

Le vieux Dr L., ancien médecin d'arrondissement était malade, artério-sclérosé faisant de temps à autre des petites attaques, mais continuait à prendre son petit verre et à fumer ses gros cigares. Il continuait également, mais surtout sur l'insistance de son épouse (comme il me l'avait confié un jour), à voir certains de ses vieux malades et les soignait comme il le pouvait encore dans son état. Quand les cas devenaient sérieux ou alarmants, il faisait évidemment appel à mes lumières et me priait gentiment de les prendre en charge et de m'en occuper.

C'était un Allemand comme tous les Allemands. Mais, bien qu'ayant été le premier Ortsgruppenleiter et donc un fanatique du régime au début, il avait, du moins lorsque je l'ai connu, des idées larges. Beaucoup d'Allemands, à l'époque de l'avènement du mouvement hitlérien, étaient feu et flamme pour le nouveau régime, mais ne soupçonnaient pas le revers de la médaille, qu'ils n'apprirent à connaître que beaucoup plus tard.

Il en fut de même pour le Dr L. qui fut aussi médecin directeur d'un Asile de débiles, sis à Jestetten. Il y avait exercé ses fonctions de médecin pendant de longues années, et s'était normalement attaché aux pensionnaires de cet Asile, les connaissant tous, et qui étaient en somme ses « enfants ». Ses opinions sur le National-socialisme changèrent brutalement le jour où on lui arracha tous les débiles et les vieillards de son Asile.

Cette histoire lamentable me fut racontée par son épouse, sous le sceau du secret. Ainsi, un dimanche il y eut une grande fête dans cet établissement, en l'honneur d'une vieille grand-mère sénile hospitalisée dans l'Asile. Elle avait élevé de nombreux enfants et devait recevoir solennellement ce dimanche la Croix d'or des Mères méritantes. Ce fut naturellement le médecin directeur de l'établissement qui eut l'honneur de la lui remettre en grande pompe. Tout était magnifiquement organisé par les sœurs qui tenaient l'Asile. Pour cette occasion, tous les pensionnaires prirent part à la fête : il y eut un repas spécial, de la musique et un speech chaleureux du médecin chef. Cette médaille avait été décernée par le Reichsärzteführer Conti (ministre de la Santé du Reich).

Tout s'était bien passé et le soir le médecin rentra chez lui heureux après cette cérémonie passée parmi ses protégés. Mais quelle ne fut pas la surprise du Dr L. le lendemain de la fête, lorsqu'il vint, comme d'habitude, faire sa visite à l'Asile, de trouver ce dernier vidé de tous ses occupants, et ceci sans qu'on ait prévenu personne. Tous, sans exception, vieillards, débiles, sujets séniles et aussi « la Mère » qu'on avait fêtée la veille, avaient disparu. En effet, très tôt le lundi matin tous les hôtes de l'Asile furent embarqués dans des camions et par la suite gazés. Ces malades constituaient une charge pour la société et l'Asile fut transformé en Sanatorium antituberculeux. Bonne technique pour régler des situations difficiles…

Ce n'est qu'à ce moment-là que le Médecin, car il était toujours resté médecin et humain, a commencé à comprendre les beautés du National-socialisme, ou, plutôt, il ne pouvait pas comprendre… A partir de ce jour, sa foi dans le régime nazi a sombré d'un coup. Jamais auparavant il n'aurait pu imaginer ou oser croire à pareille horreur. C'était d'ailleurs à ce moment-là que débuta sa maladie, ce fut un rude choc pour lui. Ceci me fut raconté en toute confiance par sa femme. Je n'en ai jamais fait usage, car cela aurait pu coûter très cher.

En somme, la famille du Dr L. était gentille, très prévenante à mon égard. C'est d'ailleurs, grâce à eux que, plus tard, je suis sorti de prison. A noter que, pendant tout le temps passé chez eux, je ne les ai jamais salués du salut hitlérien habituel et obligatoire. Ils ne m'en tinrent jamais rigueur. Pour eux, j'étais classé « tête de Français » (Franzosenkopf). Je ne m'en portais pas plus mal.

Activité en Allemagne

J'ai été contraint au travail en Allemagne à deux reprises. La première fois du 23/11/1942 au 01/11/1943, la deuxième fois du 01/03/1944 au 21/12/1944. Ces deux périodes furent interrompues par la maladie. En effet, j'avais attrapé la diphtérie et, après une courte convalescence, j'avais repris du service en Chirurgie au Hasenrain.

Au moment de ma deuxième expédition en Allemagne, au jour impératif fixé, j'ai eu une grosse chance dans mon malheur. En effet, le lendemain le Hasenrain fut bombardé et c'est justement le Pavillon IV dont j'étais responsable, qui fut complètement détruit. Ironie du sort, ce même jour, ce pavillon qui hébergeait des enfants malades et des vieillards urinaires devait faire l'objet de manœuvres de défense passive. Si j'étais resté à Mulhouse, j'aurais certainement été présent au pavillon ce jour-là. Et, c'est à cette heure précise que le bombardement eut lieu, tuant de nombreux enfants et vieillards ainsi que deux sœurs infirmières, dont la sœur Xaverina, et du personnel infirmier. Le souffle avait été tellement important qu'un des vieillards avait été éjecté du lit par la fenêtre, projeté en l'air et était resté accroché par sa chemise dans un arbre. Pour ma part il aura suffi d'un jour pour échapper à une mort quasi certaine. La vie ne tient qu'à un fil et, le hasard aidant, à quelque chose malheur est bon.

Donc en novembre 1942, en plein dans mes stages de Chirurgie-Gynécologie-Accouchements, où j'étais bien engagé, je fus brusquement arraché à la pratique hospitalière, contre mon gré. Toute idée de spécialisation s'envola à partir de ce moment, et me voilà médecin praticien (Praktischer Arzt), omnipraticien, donc généraliste, en Allemagne. Mon vrai titre fut Notdienstverpflichteter-Hilfskassenarzt. Cette situation devait être provisoire, mais en fait dura presque deux ans.

La voiture du médecin.

J'étais médecin de campagne, à la campagne. (Feld-Wald-und-Wiesen arzt). Les connaissances et la pratique acquises en service hospitalier me furent d'un grand secours. A vrai dire, à part quelques mauvais souvenirs pendant cette période de ma vie, je ne regrette rien. J'ai pu mettre en pratique toutes mes connaissances et je suis devenu médecin omnipraticien sans aucune appréhension. Mais en fait, cela me changea quand même de la médecine hospitalière, c'était différent à plus d'un point de vue. On entrait, en premier, en contact direct avec l'humanité souffrante. Il fallait se débrouiller tout seul, pas question de se reposer sur le Patron. Petit à petit, les gens prirent confiance en l'étranger, ce qui n'est pas toujours facile et évident en milieu rural.

Je devins ce personnage à la fois familier et légendaire qu'est le médecin de campagne. Ne faisant pas de politique, du moins, pas ouvertement, car à cette époque il ne fallait pas penser à haute voix, je devins même ami, conseiller et confident de mes patients. En fait, je jouais au village et dans les environs, un rôle social important : on avait besoins du toubib et j'étais seul à l'être. Néanmoins la méfiance ne me quitta jamais. Le médecin de campagne entre de plain-pied dans la souffrance, la crédulité, la finesse, l'âpreté, le dévouement et avec le temps il connait à fond sa clientèle. Je n'étais donc nullement dépaysé, car j'avais quand même déjà un bagage médical solide. Je n'étais plus un jeune docteur frais émoulu de la Faculté.

Les accouchements à domicile et ils étaient courants, ne me faisaient pas peur. J'avais deux sages-femmes à ma disposition, avec lesquelles je m'entendais bien. Les accouchements difficiles, version transversales, sièges, forceps, se faisaient tous à domicile, de même que les curetages et les sutures du périnée. Sans doute avais-je de la chance de ce côté-là, car je n'ai jamais dû envoyer une seule parturiente à l'hôpital. Je n'ai jamais dû avoir recours à une opération césarienne, qui actuellement devient de plus en plus monnaie courante, une opération de routine. Il faut rappeler que, même au Hasenrain, à cette époque cette intervention était une exception. Sans me vanter, je n'ai jamais perdu d'enfant, ni de femme à l'accouchement. Pas plus d'ailleurs que je n'ai eu d'infection puerpérale, bien que l'on opérât en milieu précaire.

L'essence était rationnée.

La petite chirurgie ne m'effrayait pas non plus. Les panaris, les anthrax et autres infections se soignaient à domicile et ceci sans antibiotiques. On incisait, on drainait, on méchait avec le seul recours à un sulfamide (Prontosil), unique moyen de lutte contre l'infection.

Des amputations de doigts, ablations de kyste synovial, de kystes sébacés etc., incisions et drainage de mastites, de phlegmons de toutes sortes, ouverture d'abcès amygdaliens, toutes ces affections se traitaient à domicile.

Les bronchopneumonies, OAP (seul traitement : saignée, ouabaïne), restaient à la maison. N'étaient évacués à l'hôpital de Waldshut, distant d'une quarantaine de kilomètres, que les urgences chirurgicales en principe : appendicites, péritonites, kyste tordu de l'ovaire, extra-utérine, les fractures etc. Les ulcères d'estomac étaient plutôt rares. Les examens radiologiques : transit, cholécystogrammes, radios osseuses etc., se pratiquaient également à l'hôpital.

Les moyens de transport par ambulance devaient être utilisés très parcimonieusement et réservés aux urgences uniquement, par suite du manque de carburant. Moi-même je ne touchais que très peu d'essence (rationnée au maximum). Ma ration était de 90 litres par mois, au début, pour arriver à 30 litres par mois, pour faire évidemment le même nombre de visites à domicile. Il fallait regrouper les déplacements en conséquence, mais la responsabilité restait la même.

De même, j'ai eu à m'occuper d'une épidémie de diphtérie. Personne, dans cette région n'était vacciné contre cette maladie, de sorte que j'ai eu ainsi à soigner une centaine de cas, tous à domicile, avec évidemment des moyens très limités : le sérum antidiphtérique, denrée rare, étant dispensé au compte-gouttes.

Sur tous ces cas, je n'ai perdu qu'un enfant de trois ans, encore que je lui eusse fait, faute de mieux, 10 000 unités de sérum antidiphtérique immédiatement, ce qui était une dose minime, voire insuffisante, et l'eusse immédiatement fait évacuer sur l'hôpital. Mais comme malheureusement il s'agissait d'une forme hyper toxique, il ne put être sauvé. Je n'ai pas vu de croup pendant toute la durée de l'épidémie. Je courais du matin au soir pour en venir à bout et, lorsque l'épidémie fut enfin jugulée, ce fut à mon tour de contracter la maladie, j'étais le dernier. Ce qui me valut un isolement de trois semaines à l'hôpital de Waldshut. Ayant été vacciné à l'Armée en 1939, mais n'ayant jamais, par la suite, eu d'injection de rappel, j'étais insuffisamment protégé.

Un jour, la sage-femme fut appelée dans un village voisin à deux kilomètres de Jestetten. En temps normal elle se déplaçait à bicyclette. Mais comme c'était assez urgent et que nous étions en hiver, avec pas mal de neige sur les routes, je la pris à bord de ma voiture, en empruntant un raccourci pour aller plus vite. Mais, par malheur, en cours de route la voiture se mit à chasser et nous voilà partis dans le fossé et plus moyen d'en sortir. Moi-même je fus projeté sur la sage-femme et tous ses « ustensiles » valsèrent dans la voiture. Que faire alors pour nous extraire de cette situation ? Nous avons dû avoir recours à un paysan, qui, à l'aide de son cheval, vint nous remettre sur la route, sur le bon chemin.

Plus d'une fois en hiver, j'ai ainsi dû me faire remorquer par un cheval, lorsque la voiture patinait et n'arrivait plus à monter une côte. Des pneus usés oui, mais on ne connaissait pas l'usage des chaînes.

Notons aussi, que dans tous les villages environnants, il n'y avait plus qu'un ou deux agriculteurs qui disposaient encore d'un cheval. A Jestetten, il y avait bien un garagiste qui faisait les réparations auto. J'ignore s'il dépannait, je n'ai jamais eu recours à lui pour cette besogne, le cheval était beaucoup plus romantique.

Les voitures automobiles qui roulaient encore dans la région n'étaient plus qu'au nombre de trois : la voiture de la Douane, celle du médecin, et enfin celle du boucher pour livrer la viande aux villages voisins. Par la suite, celle du boucher fut également supprimée, suite au rationnement intensif de l'essence. Comme je l'ai dit plus haut, au début je percevais 90 litres d'essence par mois, puis 30, et c'était déjà peu, mais, en groupant les visites on arrivait quand même péniblement à tourner. Cependant cette attribution d'essence devint encore plus réduite et vers la fin de mon séjour à Jestetten, je touchais encore 15 litres d'essence et 15 litres d'huile à mélanger. Aussi, je faisais à pied les visites proches, « per pedes apostolorum ». Il fallait faire des économies ! Bon signe pour l'évolution de la guerre.

Une pratique que j'ai trouvé astucieuse était que, lors d'un accouchement où la sage-femme estimait que l'intervention du médecin serait nécessaire, ce dernier restait dans la maison, au domicile de la parturiente pendant tout le temps que durait l'accouchement. Il pouvait se reposer ou dormir dans une pièce voisine sur un canapé par exemple, pendant que la sage-femme surveillait l'évolution de l'accouchement, et n'appelait le médecin qu'au moment où celui-ci devait intervenir. Ce fut le cas d'une présentation transverse, d'un siège ou d'un forceps par exemple, cas où il fallait pouvoir patienter en attendant le bon moment pour intervenir à bon escient.

Sans entrer dans les détails techniques, mentionnons cependant que la dernière phase de ce genre d'accouchement nécessitait une narcose. C'était la sage-femme qui s'en chargeait pendant que moi j'extrayais l'enfant.

En y réfléchissant, après coup, ces interventions, loin de tout, de tout hôpital, de Patron, faites dans des conditions d'asepsie précaires, loin de toute réanimation, constituaient quand même un exploit, dont personne, une fois qu'elles étaient menées à bien, n'avait plus conscience. On opérait sans filet et sans l'ombre du Patron. Evidemment cette pratique se faisait quand l'accouchement se passait la nuit, ce qui est en général le cas. Et quand l'accouchement était terminé, on servait à l'accoucheur un bon café et une collation. C'était gentil. Rien de tel chez nous.

Après l'épidémie de diphtérie, j'ai eu également à soigner une épidémie de scarlatine d'environ 50 cas. Ils s'en sont heureusement tous bien tirés, à domicile.

En gynécologie et accouchements, je me débrouillais bien. Quant à la pédiatrie, qui, pour les grands enfants n'est rien d'autre que de la médecine générale, à doses réduites, il n'y avait pas de problèmes. Pour ce qui était des nourrissons, car je faisais aussi les consultations de nourrissons, j'avais un peu d'appréhensions, n'ayant jamais auparavant travaillé dans un Service de Pédiatrie. Malgré cela je n'ai, à vrai dire, pas non plus éprouvé de difficultés dans ce domaine. Il suffisait de réfléchir un peu. Aussi, avec la diète hydrique, la soupe de carottes et de caroube, le coupage correct du lait de vache, l'Aletemilch (car à part cette sorte de lait du commerce, il n'y avait pas de lait en poudre), on arrivait à se débrouiller. Je n'ai d'ailleurs fait évacuer sur la clinique infantile de Fribourg qu'un seul cas, de choléra infantile.

Je rappelle que les petites fractures des doigts, des orteils, les fractures du poignet (Pouteau-Colles), du péroné, se soignaient à domicile, les amputations de phalanges après écrasements par accidents du travail, également.

Une autre coutume que j'ai remarquée au Pays de Bade, est que, lors d'un décès le médecin faisait le constat et rédigeait l'acte de décès comme partout. Mais en plus, dans ces régions, est pratiqué un deuxième constat par un agent, sans doute assermenté, appelé Leichenbeschauer, et c'est seulement après ces deux contrôles que le cadavre est libéré pour les funérailles.

Pendant mon séjour en Allemagne, j'ai aussi fait la connaissance d'un médecin alsacien qui fut médecin chef du Sana de Jestetten (Heilstätte), cet établissement qu'on avait vidé pour la circonstance et où on envoyait en principe des cas désespérés qui venaient mourir là-bas, le plus souvent. Le Dr Goehrs avait été lui-même chassé de son Sana à Aubure. Évidemment nous sommes devenus de bons amis. Etant dans la même situation, nous nous entendions très bien.

Je n'ai jamais eu de vacances pendant toute cette période. Bien plus, on m'obligea durant deux mois à m'occuper, en plus de ma propre clientèle, d'un autre cabinet médical distant de 20 kilomètres du mien de sorte qu'il fallait faire la navette tous les jours : un jour à Jestetten et le lendemain à Stühlingen. En outre j'avais à m'occuper de l'hôpital de Stühlingen et de sa maternité. Etaient hospitalisés dans cet établissement des malades des régions voisines et des convalescents. Le jour je faisais la consultation au village, au cabinet du Dr Preuss, ainsi que mes visites à domicile et les visites hospitalières. Comme les naissances arrivent généralement la nuit, la sage-femme de l'hôpital m'appelait pour les cas où mon intervention était nécessaire : présentations anormales, transverse, siège, épisiotomie ou lorsqu'il fallait faire un forceps ou une suture du périnée, etc.

Dans ces conditions j'étais encore occupé une grande partie de la nuit, quitte à reprendre mon travail le lendemain. C'était évidemment très astreignant, et je n'étais pas mieux rémunéré, alors que je travaillais pour deux. Je faisais donc ainsi le va-et-vient entre les deux localités. Cette gymnastique, je l'ai faite deux fois, pendant une durée d'un mois chaque fois. Le seul congé que j'ai eu a été ma convalescence après ma diphtérie et là aussi, je tenais à reprendre rapidement du service.

A côté du médecin, exerçait aussi à Jestetten un guérisseur, nommé Ritscher qui travaillait avec les évolutions lunaires et d'autres astres. J'ai appris, qu'il avait commencé à exercer ses dons et à jouir de son succès grâce à un coup de chance. En effet, le médecin du patelin (que je remplaçais maintenant) avait pris une année ses vacances comme tous les ans. Il avait alors pris un remplaçant en la personne d'un jeune médecin frais émoulu de la Faculté, et qui n'avait sans doute jamais fait d'accouchement. Manque de pot, notre remplaçant fut appelé au chevet d'une parturiente chez laquelle l'accouchement n'avançait pas. Après maintes hésitations et angoisses le jeune homme décida d'aller se renseigner chez lui et quitta momentanément la femme pour aller compulser ses bouquins. Mais, ce qu'il n'avait pas prévu, c'est qu'entre temps, pendant son absence, on avait appelé le guérisseur. Pendant tout ce temps, le travail s'étant installé chez la femme, l'accouchement ayant progressé, de sorte qu'au moment où le guérisseur arriva, il lui suffit de poser sa main sur le ventre de la femme et l'enfant était là. Ô Miracle ! Le fluide du guérisseur avait suffi pour mener l'accouchement à bon terme. Et le jeune disciple d'Esculape était battu ! Le succès, comme l'insuccès tiennent ainsi souvent à un fil.

Voir, le soir à la tombée de la nuit, les gens avec le guérisseur debout sur l'escalier, devant sa maison en train de consulter les astres, m'amusait. Tant qu'il était inoffensif, prescription de tisanes, de bains de pied, de bonnes paroles, de régime végétarien, tout allait bien. Mais dans d'autres cas où c'était sérieux et où la vie du malade était en danger, il ne réussissait pas, et pour cause. Je me souviens, en effet, de deux cas qui auraient pu devenir dramatiques où on avait fait appel à ses bons offices et où, la continuation de ses soins aurait pu tourner à la catastrophe. Il s'agissait dans un premier cas d'une appendicite aigüe. Appelé sur les lieux, notre brave guérisseur ordonna tout de suite des compresses chaudes et des laxatifs. Il n'y a pas meilleur traitement pour faire éclater ou perforer un appendice et engendrer une péritonite généralisée.

Dans un second cas, il s'agissait d'une jeune femme qui fut prise subitement de violentes douleurs dans le bas-ventre, vomissements, sueurs, etc. On a fait appel au guérisseur qui institua un traitement spécifique consistant en compresses chaudes et massages du ventre. Ne voyant pas d'issue et comme le cas empirait à vue d'œil, une voisine conseilla quand même de prévenir le médecin « officiel », en l'occurrence moi. Il s'agissait d'un kyste tordu de l'ovaire. Evidemment ces deux cas, pour ne citer que ceux-là, furent immédiatement transférés au service de chirurgie de Waldshut où on les opéra d'urgence. Je pense que le guérisseur n'était pas très fier de sa thérapeutique dans ces deux cas.

Ce qui était plus surprenant, est que, lorsque sa femme avait un bobo, il venait me consulter, mais seulement le soir à la tombée de la nuit pour n'être vu par personne. Il ne pouvait donc pas se mettre dans une salle d'attente. Que diraient ses clients ? Ils n'auraient peut-être plus confiance en ses pratiques magiques. Moi-même, bon prince, je soignais ce couple comme je le fis pour tous mes clients.

En outre, notre magicien, lui qui défendait la viande à tous ses clients, en consommait en cachette. En effet, il n'était pas rare de le rencontrer à la cuisine du restaurant où je prenais mes repas, en train de se taper un beefsteak et de savourer un verre de vin. (Du moins quand il y avait des attributions supplémentaires de ces denrées.) La viande et surtout le vin seraient les plus grands des poisons d'après notre guérisseur, mais pas pour lui ! Tout ceci, bien sûr m'amusait. Il n'était pas une concurrence pour moi, tout au plus une source d'embêtements, et d'erreurs à redresser. Mais ces gars s'en tirent toujours. Ainsi, les deux cas relatés plus haut, et qui auraient pu y laisser leur peau, ne m'ont jamais avoué qu'ils avaient fait appel aux « bons soins » du guérisseur. Mais cela s'apprend toujours par les âmes charitables, les voisins, les bons amis. Bêtise humaine. La discrétion est tellement rare.

Lorsqu'on est ainsi éjecté de l'hôpital, en pleine campagne et obligé de se débrouiller tout seul, d'endosser toute la responsabilité (car il n'y a pas de chef à qui demander conseil), on se rend vite compte qu'il est plus difficile de travailler « dehors » avec des moyens du bord souvent rudimentaires. Tous ces spécialistes, qui foisonnent de nos jours, n'existaient pas non plus pour éventuellement nous guider.

Cette situation ne manquait cependant pas de charme, on se trouvait seul devant l'inconnu et l'imprévu. Rien ne vous était servi « sur un plat », comme à l'hôpital. Il n'y avait pas ou presque pas d'aides pour vous soutenir. C'était encore l'époque héroïque, où toute situation trouvait quand même une solution, peut-être même empirique. Mais tout ceci est dépassé de nos jours, c'est du passé.

Durant les études, on cultive la mémoire, mais ce n'est pas suffisant. Il s'agit surtout de cultiver l'esprit d'observation et le jugement. Quand on est livré à soi-même, il s'agit d'enregistrer rapidement les faits, d'être apte à saisir le réel et ses incidences, d'avoir une vision simple des manifestations cliniques, de juger de la situation exacte du malade et de savoir adapter incessamment les moyens aux faits.

Un Pouteau-Colles se réduisait en anesthésie locale. La réfection d'un moignon de doigt après écrasement d'une phalange se faisait avec de simples ciseaux pour régulariser la surface osseuse, rugine et pince gouge manquaient. L'incision d'un phlegmon ou panaris se faisait sans anesthésie préalable ou éventuellement avec une petite anesthésie locale, même lorsqu'il s'agissait d'un pouce ou d'un auriculaire.

Le drainage se faisait de la même façon. C'est, dans ces conditions, presque teintées de sadisme, mais inévitables, que l'on pouvait admirer le stoïcisme de certaines personnes. Je ne disposais de personne pour me faire une anesthésie générale.

A Jestetten.

La luxation fraîche d'une épaule par exemple, se pratiquait rapidement, également sans anesthésie. La seule anesthésie, et encore de courte durée, était faite par la sage-femme au chlorure d'éthyle, suivi d'un peu d'éther, lorsqu'au moment de l'accouchement le passage de la tête de l'enfant s'avérait difficile et par trop douloureux. Les sutures de périnée se faisaient, en principe, aussi en locale. La réduction de grosses hernies étranglées était réalisée sans anesthésie.

Les examens de laboratoire, à part le B.W. étaient pratiquement inexistants, sauf les frottis de gorge, lors de l'épidémie de diphtérie, qui étaient obligatoires et lors de laquelle tous les cas devaient être déclarés.

Une vie de médecin est pleine d'aventures de toutes sortes et met en contact avec les personnes les plus diverses. Pendant tout le temps de ma déportation en Allemagne, je n'ai heureusement pas eu de pépins au point de vue professionnel.

Prison

Il fallait constamment être sur ses gardes, une brebis galeuse pouvait toujours être à vos trousses et vous épier, Question politique. Il fallait toujours se méfier de ce qu'on disait. Cependant j'avais très vite repéré les personnes sûres, car tout le monde, même parmi les Allemands, n'était pas nazi. Ainsi, un aubergiste de la localité, qui avait déjà fait un stage dans un camp de concentration pendant deux ans, se confia à moi et m'apprit beaucoup de choses utiles à savoir. Il me mit notamment en garde contre certains indicateurs dont il fallait se méfier. J'avais, d'autre part, certaines adresses où je pouvais me tenir au courant de la situation militaire du moment. Ces gens ayant deux postes radio, pendant que l'un des postes jouait à tue-tête l'émission de propagande allemande, j'écoutais tranquillement Radio Londres ou Beromünster dans une autre pièce.

Pendant cette même période des prisonniers polonais travaillaient chez les paysans comme valets de ferme. Ils portaient au revers de leur veste un écusson violet avec en jaune la lettre P. Il y avait notamment parmi eux un certain Eugen, avocat dans le civil, qui travaillait néanmoins à l'écurie, comme tous ses compatriotes. N'avait-on pas fait passer, au temps où je me trouvais encore au camp de prisonniers une déclaration officielle stipulant que les Polonais devaient être considérés comme des individus « sous-développés » et par conséquent être traités comme tels ?

Eugen était manifestement le chef de tous les prisonniers polonais de la région. Lui aussi, lorsqu'il venait me consulter, s'ouvrait à moi. Il était bien surveillé par la Gestapo, qui le considérait comme suspect. Malgré cela, il était bien renseigné. Il détenait même dans une grange un poste radio. De temps en temps il possédait aussi un journal suisse. J'ignore comment il se procurait tout cela. Mieux valait ne pas être trop curieux ! Un beau jour il vint à ma consultation et me mit au courant d'une évasion massive et collective projetée dans les prochains jours pour tous les prisonniers polonais sans exception. Comme j'avais quelques-uns de ces prisonniers en traitement et que ces derniers n'étaient pas encore terminés, je lui conseillai de temporiser et de retarder un peu la date de ce grand départ. Ce qui fut fait et le jour J fut fixé. D'autre part je le tins au courant de la zone qui n'était pas protégée à la frontière germano-suisse, à ce moment, en raison de douaniers en maladie. Je prolongeai ainsi la durée d'incapacité de travail des douaniers dans la frange de passage prévue. Le coup a réussi à merveille et personne ne fut soupçonné.

A peu près à la même époque où la situation de la Wehrmacht se gâtait, on commençait à arrêter les suspects. J'ai donc pu prévenir certains civils antinazis notoires de leur arrestation prochaine par la Gestapo. Toute une famille allemande a pu ainsi gagner la Suisse et se mettre en sécurité, bien que le père, alors qu'il se trouvait déjà en territoire suisse eût été blessé par une balle à une jambe. Il se cramponnait à un arbre et ne put de ce fait être traîné hors du territoire suisse en territoire allemand. Les Suisses ayant été prévenus par le fils, vinrent à temps pour libérer le père de cette situation tragique.

Mais avant de partir, le père avait commis une imprudence en m'expédiant un colis avec des effets vestimentaires et quelques souvenirs. J'avais bien reçu le paquet par la Poste, mais ce que j'ignorais, c'était que le colis avait été ouvert au préalable par la Gestapo. Ce fut alors à mon tour d'être cuisiné. Quelle ne fut ma surprise, lorsque j'eus terminé ma consultation du matin, de voir apparaître chez moi le policier du patelin qui vint me prévenir qu'après le déjeuner j'avais à me tenir dans ma chambre en vue d'une perquisition de la Gestapo. J'étais devenu suspect.

Dans un moment de nervosité, je ne vis rien de mieux à faire que de me débarrasser du paquet et de porter le contenu du colis chez une personne de confiance. La Gestapo ne tarda pas à venir dans ma chambre et la perquisition en règle commença : on fouilla partout, dans et sous l'armoire, on défit mon lit, sans cependant trouver une lettre d'une amie suisse. Tout mon courrier fut saisi. On me questionna alors sur le contenu du paquet dont j'avais gardé le carton. Je prétextai qu'il avait contenu des pommes. C'était flagrant compte tenu de ce qu'ils savaient, j'avais menti. Sur ces entrefaites on me somma de les suivre et c'est ainsi qu'à pied j'ai dû faire le trajet de Jestetten jusqu'à la gare de Griessen. A signaler, qu'arrivés aux environs de Baltersweil près de la frontière suisse, le SS qui m'accompagnait, chargea son revolver devant moi et me fit remarquer que toute tentative de fuite serait punie de mort. Je n'avais d'ailleurs nulle envie de tenter le coup mais, à ce moment précis, l'idée germa déjà en moi, que suivant les circonstances, l'évasion serait pour plus tard.

A Griessen, mon SS et moi prîmes le train pour Waldshut où il pleuvait à verse à l'arrivée. Là je fus remis, sous bonne garde, entre les mains d'un autre « gentil SS » qui ne ménageait guère son vocabulaire à mon encontre. Il me traitait de tous les noms possibles et imaginables que seule la langue allemande est capable d'exprimer avec une telle succulence, tels que Hund, Schweinehund, Sau, Sauhund, Polak, Schuft et bien d'autres. Je ne lui avais pourtant rien fait, j'étais poli envers lui, moi. Sans doute espérait-il que je réagisse, mais il n'en était nullement question. De ce côté-là, j'étais déjà un peu blindé, fort de mon expérience antérieure des camps. Comme il pleuvait abondamment, mon « guide » n'était pas enchanté. Ce n'était pas de ma faute. Il m'obligea cependant à courir : schnell, schnell, schneller ! Ce que je connaissais évidemment aussi des camps, ces gars étaient des planqués pendant que les autres mourraient sur les champs de bataille au front.

Je fus ainsi, trempé, mouillé, conduit devant le grand chef de la Gestapo de Waldshut, un grand gaillard, bel homme, plaisant beaucoup au sexe féminin, mais qui était saoul du matin au soir, sans doute pour se donner du courage. Ceci je le savais déjà.

Alors, sans même savoir de quoi il retournait, j'eus droit à des épithètes encore beaucoup plus succulentes et imagées que celles de son subordonné. Puis il ordonna de me loger pour cette première nuit au Poste de Police de Waldshut, dans l'attente d'une place vacante à la prison.

Je passai alors la nuit dans une cellule de 3 mètres carrés sur une planche en bois. Évidemment, rien à manger ce soir-là. Je couchai, tout habillé, avec mes fringues mouillées. Le lendemain on vint me chercher pour la prison. J'étais fourbu, tous les os me faisaient mal et toujours le ventre creux.

La réception à la prison ne fut guère mieux. On me débarrassa de la ceinture, de la cravate, du portefeuille, de mes papiers, bref de tout ce qu'il est d'usage de vous subtiliser à l'entrée dans un pareil hôtel. Puis, après avoir rempli les formalités (nom, prénom, âge, profession, etc.) on me

conduisit dans une cellule. Je crois que mon « logement » fut au N°25, au troisième étage si j'ai bonne mémoire. Voilà encore une nouvelle adresse.

Je partageais les lieux avec un détenu qui y séjournait déjà depuis huit mois, donc un ancien. C'était un ingénieur allemand qui fut, paraît-il, l'un des constructeurs de l'Atlantikwall et qui, en France, aurait eu des histoires qui n'étaient pas du goût de Messieurs les Occupants. Comme il était l'ancien pensionnaire, il avait droit au lit rabattable du mur. Pour ma part je reçus un sac de couchage et couchais par terre sur la dure. Excellent pour les courbatures et pour faire « mûrir » les gens. Il faut dire que cette cellule n'était pas conçue pour deux personnes en temps normal, mais j'avais appris que quelques mois auparavant, on y avait entassé huit personnes

Tous les jours on me fit passer devant un conseil composé de deux SS et d'une dactylo, qui gentiment mangeait des pommes tout en tapant mes dires à la machine pendant toute la durée de l'interrogatoire.

Au début je continuais à soutenir l'histoire des pommes dans le colis mais l'enquête et les menaces devenant de plus en plus serrées, je fus en fin de compte acculé à dire la vérité. On m'avait menacé du camp de concentration. On m'interrogea bien sûr sur la population que je soignais, sur les gens qui s'étaient évadés. Comme ces derniers ne se trouvaient plus en territoire allemand et ne pouvaient par conséquent plus être interrogés, j'avais beau jeu, ou bien, je ne savais rien, ou bien je savais ce qui était connu de tout le monde. On ne put rien prouver, de sorte qu'après trois semaines de détention, je fus remis en liberté, mais comme dit plus haut l'idée d'évasion germait de plus en plus fort en moi.

En prison, on m'avait enlevé mon Wehrpass et je ne l'ai plus jamais revu. En effet, j'avais passé le Conseil de Révision et j'avais été porté K.V. (Kriegsverwendungsfähig), mais momentanément on m'avait mis en Appel différé. Dès le lendemain de ma libération je fus enrôlé dans le Volksturm, cette armée populaire, n'étant, sans doute, plus assez digne pour la Wehrmacht.

A ma sortie de prison je pris le train jusqu'à Griessen, mais ne pris pas l'autobus jusqu'à Jestetten. Je fis, comme à l'aller, le chemin à pied, mais en empruntant cette fois-ci des raccourcis et non la grand-route. Ce faisant je pus suivre les poteaux rouges douaniers qui étaient mis en place pour indiquer la frontière. J'ai pu ainsi m'assurer d'où passait réellement la frontière germano-suisse. Néanmoins il existait encore un certain no man's land entre les deux pays.

De retour à Jestetten, je fus bien reçu par la population qui n'avait évidemment pas compris et qui plus est, pestait contre la Gestapo. Je repris mon travail normalement jusqu'en décembre 1944.

Notons, en passant, que la vie carcérale est loin d'être drôle et ne se compare même pas à celle au camp de prisonniers. La nourriture était infecte. Un menu type se composait par exemple de deux patates et quelques pruneaux, le tout nageant dans une sauce indéfinissable. Dans la cellule se trouvait un W.C. dans un coin, un lavabo, une table et un tabouret sans dossier pour que l'on ne puisse pas s'adosser.

On ne pouvait pas non plus s'adosser contre les murs, ceux-ci étant peints à la chaux vive. Se coucher pendant la journée n'était pas possible, le lit étant rabattu et cadenassé au mur. Pas de vue non plus vers le monde extérieur. La seule source de lumière provenait d'une petite lucarne placée à deux mètres du plancher.

Le travail que l'on nous accordait consistait à coller des boites en carton. Enfin, le seul délassement consistait en une promenade journalière, une ronde à l'intérieur de la cour de la prison sur du pavé. Les jeunes tournaient dans le cercle externe, les moins jeunes et les handicapés dans un cercle intérieur plus réduit. On n'apprécie la liberté qu'au moment où on la perd. On ne se représente la vie carcérale que lorsqu'on l'a vécue, ne serait-ce que pendant une courte période de la vie.

Comme la situation pour l'Allemagne commençait à se dégrader et qu'il fallait résister de toutes ses forces à l'avance alliée, tous les moyens furent utilisés. Les enfants à partir de 16 ans jusqu'aux hommes de 60 ans furent mobilisés dans le Volksturm. Moi-même, j'étais prévu comme médecin de bataillon dans une unité de cette formation. Ces combattants de dernière heure étaient en civil avec un brassard. Armée du peuple ? Partisans ? Donc armée irrégulière.

Evasion, retour à Mulhouse

Ce 24 décembre 1944, je soigne ma dernière cliente. Elle était au courant de pas mal de choses et m'apprend qu'elle a eu vent qu'il se trame quelque chose, que je risque un nouvel emprisonnement ou peut être une mobilisation prochaine. De toute façon, dès cet instant, ma décision était prise, je m'évaderais ce jour même, sans hésitation : car les plaisanteries les plus courtes restent toujours les moins longues.

La consultation terminée, j'allai prendre mon déjeuner, le dernier à Jestetten. Les préparatifs pour la grande épreuve furent vite faits. J'enfilai deux pantalons, l'un sur l'autre, je m'habillai chaudement je pris ma serviette, comme d'habitude et je me mis en route, mais cette fois à pied, pour faire des « économies d'essence ».

Etant à pied, je pus emprunter un raccourci, un sentier qui menait vers la ligne de démarcation entre la Suisse et l'Allemagne, que j'avais repéré lors de ma sortie de prison. Je passai ainsi devant la petite maison douanière dans la forêt de Baltersweil. Le garde-frontière (Higa = HilfsgrenzschutzAssistent) n'y étant pas à ce moment précis, j'en profitai pour enjamber rapidement la barrière et courir vers la Suisse, à travers le no man's land qui était quand même encore distant d'environ un kilomètre de la vraie frontière suisse. Ce sentier forestier, au début rectiligne, tout droit, tourne plus loin.

J'ai appris par la suite qu'au moment où je prenais ce tournant, je l'ai échappé belle. En effet à cet instant je fus aperçu par un Hitlerjugend qui, avec quelques autres jeunes était en train de creuser un fossé anti-char tandis que le douanier était près d'eux, les regardant travailler, d'où son absence au poste, ce qui fut ma chance. Bien plus, quand le garçon donna l'alerte, et que le douanier voulut tirer, je ne me trouvais plus dans la ligne de tir ayant dépassé le tournant. La vie ne tient qu'à un fil. En fait, c'est à quelques secondes près que j'avais échappé à une mort certaine. Fatalité ou chance accompagnent toujours l'individu.

Poursuivant ma route dans ce sentier forestier, je fus cueilli par un douanier suisse, qui, prétextant que je n'étais pas en danger imminent, voulut d'abord me refouler ! Mon compte alors aurait été réglé une fois pour toutes. A noter que les douaniers suisses et allemands faisaient bon ménage dans cette région. Je lui présentai alors mon livret militaire français et exigeai d'être présenté à son supérieur qui me questionna en français pour s'assurer que mes dires étaient bien fondés. Je ne voulais pas servir dans l'armée allemande, étant français. J'avais déjà une balle allemande dans la cuisse et je n'avais aucune envie de devenir une cible internationale.

De là on m'embarqua dans un train en direction de Zürich ou je fus à nouveau emprisonné à la Kantonalkaserne de Zürich. J'y passai deux nuits dans une chambrée avec cinq ou six détenus pour toutes sortes de délits : déserteur, voleur, soldat suisse ayant giflé un officier, autrichien déserteur de l'armée allemande et qui vagabondait en Suisse. Nous couchions sur des lits en fer, côte à côte. Là j'ai eu à remplir cinq formulaires identiques comportant toutes sortes de questions : état civil, curriculum vitae, causes de l'évasion, parenté en Suisse, etc. Ensuite je passai au service d'anthropologie ou morphie pour la photographie, les mensurations, la taille, yeux, prises d'empreintes digitales de tous les doigts.

Lorsque toutes ces formalités furent terminées et ma situation éclaircie je fus à nouveau embarqué dans un train pour Genève, en compagnie d'un policier en civil. A mon arrivée à Genève, on changea mon argent allemand en francs suisses à un taux dérisoire, prétextant que le Mark ne valait plus rien, alors qu'à mon retour en Alsace il valait encore toujours 15 Francs français. C'était, à mon avis, du vol organisé. Puis ce fut le départ vers la France. La première halte fut Annemasse où je couchai avec d'autres Alsaciens dans une boîte de nuit (sans spectacle) qui servait de centre d'accueil. Là, fut procédé à un nouveau « cuisinage », cette fois par un officier français du Deuxième Bureau. Après quoi, départ pour Annecy où de nouvelles formalités étaient à remplir. Nous logions dans un hôtel sans fenêtres, l'Hôtel de Paris, je crois.

Après quelques jours de « vacances » à Annecy, où il faisait un froid de canard, nous avons pris le départ pour l'Alsace, en transitant par les centres d'accueil de Lyon et de Grenoble. Le voyage était peu confortable : trains sans chauffage ni fenêtres. Enfin nous avons abouti à Montbéliard, où on nous hébergea une nuit. Le lendemain, direction Delle, et à partir de là, il fallait se débrouiller tout seul pour joindre sa destination définitive.

Je me mis donc en route à pied et en cours du trajet j'ai pu être pris en charge par un camion militaire qui transportait des munitions. Il me déposa aux environs de Feldbach dans le Sundgau. A partir de là je poursuivai ma route à pied vers Durlinsdorf où je fus hébergé par la famille Schaltenbrand. La maison de mes grands-parents était vide, mais je n'aurais su quoi y faire tout seul. Je restai donc chez ces braves gens.

Comme les environs de Mulhouse, Bourtzwiller, Wittenheim etc. étaient encore entre les mains des Allemands, et que des patrouilles allemandes circulaient encore à Mulhouse, que les canons tonnaient encore, il fallait quand même que je me hasarde à Mulhouse, prévenir mes parents de mon retour et les rassurer, car ils étaient à nouveau sans nouvelles depuis pas mal de temps. Ceci fait, je retournai de nouveau à Durlinsdorf, en attendant la suite des évènements. Je n'éprouvais aucune envie de retomber entre les mains des Allemands et d'être fusillé ou pendu comme déserteur. N'ayant jamais perdu de vue que la vie ne tient qu'à peu de chose, j'étais toujours prudent. Je me trouvais près de la frontière suisse, et à la moindre alerte, j'aurais facilement pu passer en Suisse.

Pour me déplacer il fallait évidemment un laisser-passer fourni par les autorités françaises. Après un certain temps, étant plus ou moins remis de mes émotions, je commençai à avoir envie de reprendre du travail. Je soignais bien quelques gens dans le patelin, car il n'y avait plus de médecin dans la région.

Mais, dès que la situation fut un peu claire, je me rendis à bicyclette à Carspach où le Hasenrain était replié pendant la guerre. C'est là que je rencontrai mon ami Gerrer Jean qui s'occupait du Service de Médecine aménagé dans l'Ecole ménagère Kneipp, de même qu'un Service de Chirurgie. Je me suis alors occupé des cas chirurgicaux qui restaient encore hospitalisés à Carspach. Car, à partir de cette époque on n'y hospitalisait plus de nouveaux cas. Le Hasenrain commençait de nouveau à fonctionner normalement, mais comme Hôpital Mixte, Civil et Militaire. Je suis resté à Carspach jusqu'à la liquidation de cet hôpital pour rejoindre

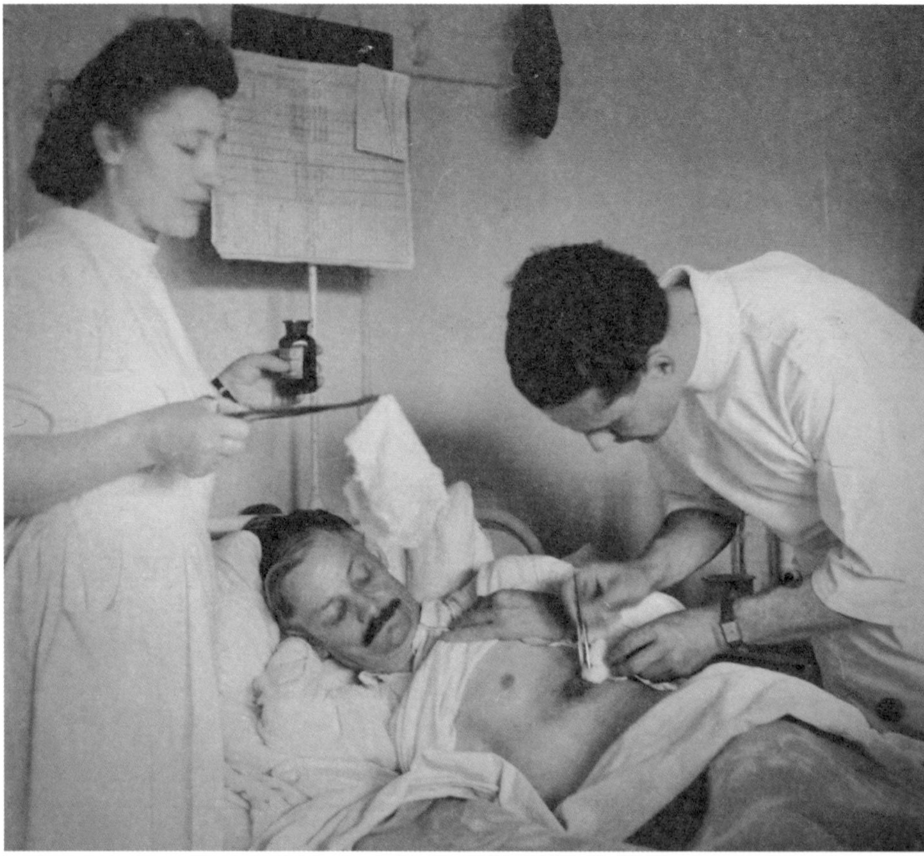

Derniers jours en Chirurgie.

dans la suite mon ancien poste en Chirurgie. Mais seulement provisoirement, car j'avais prévu de passer dans le Service de Médecine interne dès qu'un poste serait vacant.

Ce fut à partir de ce moment que j'optai définitivement pour la Médecine Générale. J'avais un bagage chirurgical, gynécologique et obstétrical suffisant et non négligeable pour un honnête praticien, omnipraticien.

Et d'autre part j'y avais pris goût pendant mon séjour forcé en Allemagne. De toutes façons pour les Spécialisations de Pathologie externe, Chirurgie ou Gynécologie, j'avais perdu pas mal de temps avec toutes ces tergiversations et, plutôt que d'être un petit chirurgien, un chirurgien « nain » comme les appelait un de mes patrons, j'ai fait mon choix irréversible. Je restai ainsi pendant un an au service de Médecine.

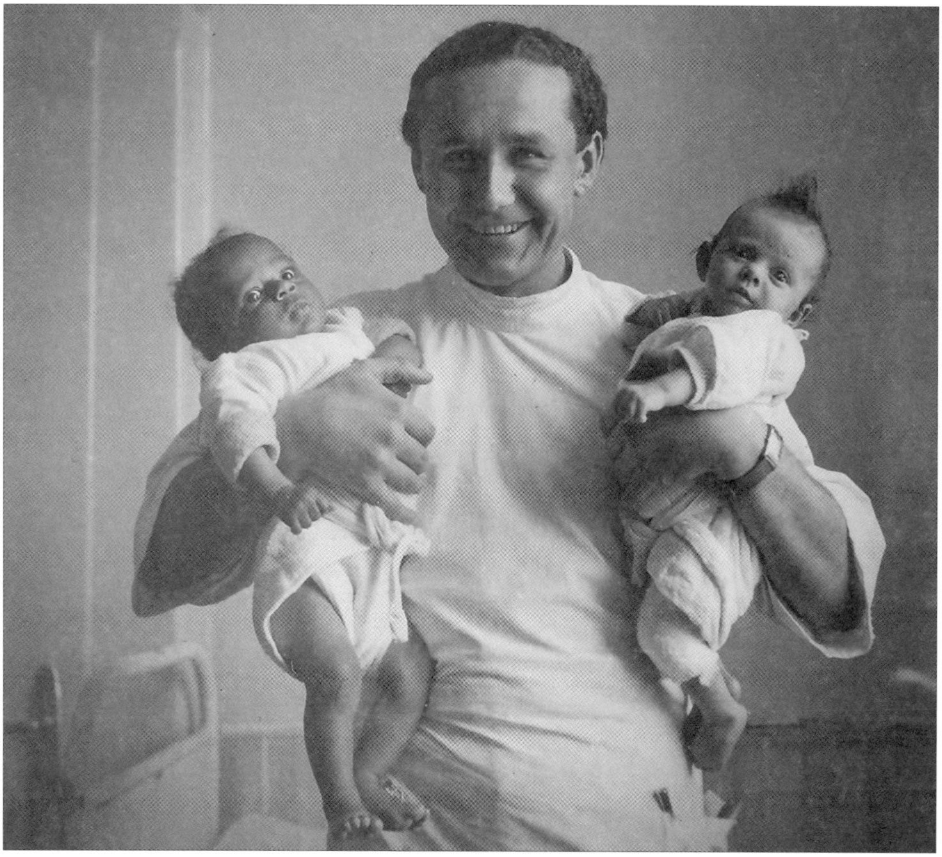

En pédiatrie au Hasenrain.

De cette période, je n'oublierai pas le jour, où, pendant que j'étais occupé à vider un épanchement pleural, j'eus la grande surprise de voir entrer dans la salle, en tenue de Médecin Colonel, mon ancien patron de Chirurgie, le Dr Stricker qui venait inspecter les différents Services de son Hôpital qu'il avait quitté depuis 5 ans, par la force des choses. Il me salua chaudement et après un petit entretien il me posa cette question : « Alors vous avez définitivement abandonné la Chirurgie ? » J'étais heureux de revoir mon ancien patron, mais, à sa question je ne pus qu'acquiescer, bien que cela me fît de la peine, ma décision était prise.

Enfin, il restait encore une lacune dans ma formation médicale pour à mon avis, bien affronter et exercer correctement le métier d'omnipraticien : la Pédiatrie. Aussi, dès qu'un poste en Infantile fut libre je le pris afin d'acquérir les notions de base de cette discipline, surtout en

ce qui concernait les tout petits, leur alimentation, les notions de puériculture etc. Le passage dans ce service où je suis resté près d'un an, m'a été par la suite d'un grand secours, sous la direction du Dr Vonderweidt.

Digressions sentimentales

Jusque-là, je menais une vie de célibataire, libre, mais ne perdant jamais de vue ses devoirs professionnels. J'avais alors 32 ans, l'âge suprême pour Montherland, l'âge où l'on devient ce que l'on est pour Nietsche. Je n'ai jamais haï les hommes, ni ceux qui ont cherché à me nuire, ni même les jaloux. Je n'ai jamais souhaité de mal à personne, même pas au sous-officier allemand qui m'a mutilé pour la vie. Au contraire je l'ai plutôt plaint pour sa bêtise et sa lâcheté. Je ne suis pas rancunier, du moins pas longtemps. Ma rancune peut tout au plus se transformer en indifférence. Mais je ne cache pas que j'ai toujours aimé les femmes, même avec leurs défauts. Ce sont elles qui sont les plus belles fleurs du monde et qui apportent la quintessence de l'amour.

Aussi, ma vie sentimentale était-elle jusque-là toujours agréablement mouvementée. En 32 ans j'ai pu réfléchir et méditer sur la psychologie de l'âme féminine, dont les racines sont insondables, un peu comme la mort.

Écoutons ce qu'en pensent certains auteurs :

• Mit Liebe fangt das Leben an.- Mit Frauen spielen ist herrlich, jedoch gefährlich. -Wäre es nicht gefährlich, wäre es ja banal und eintonig. - Drum liebe mit Hindernissen !

• Les femmes sont capables du meilleur et du pire. - La femme est un théâtre à cent décors.

• Les femmes sont de grands enfants. Elles ont gardé le sens du merveilleux. Et, puis, le cadre de la vie réelle est si limité pour elles qu'elles souhaitent toujours s'en échapper.

• Le premier devoir de la femme est de plaire à l'homme, de le gagner d'abord, de le garder ensuite. Il n'est, peut-être, pas une femme, si faible soit-elle, qui, au fond d'elle-même ne pense l'emporter dans sa lutte avec l'homme par les artifices secrets de son sexe.

Jacqueline Fehr, mon épouse.

• Les femmes n'ont pas de morale, elles dépendent pour leurs mœurs de ceux qu'elles aiment.

• L'amour cherche à arriver au cœur par le canal des sens. Il ne discute pas, il émeut. Il ne s'adresse pas à la raison de ceux qu'il veut gagner, c'est sur les sens qu'il agit.

• Au fond, une femme vraiment amoureuse n'a jamais de personnalité : elle dit qu'elle en a une, elle essaie de le faire croire, mais ce n'est pas vrai. Non, elle essaie de comprendre la femme que l'homme qu'elle aime souhaite trouver en elle et de devenir cette femme-là.

• On a tort de dire que l'Amour est aveugle, la vérité est que l'amour est indifférent à des défauts ou à des faiblesses qu'il voit fort bien, s'il croit trouver dans un être ce qui lui importe plus que tout et qui souvent est indéfinissable.

• Les femmes pardonnent parfois à celui qui brusque l'occasion, mais jamais à celui qui la manque.

• Une fois qu'il a vaincu, l'homme disparaît. Les femmes alors le maudissent d'être né. Pourtant elles regrettent, non pas qu'il soit venu, mais qu'il soit parti.

• L'homme à femme laisse son cœur à la maison quand il part en guerre. Ce n'est pas avec le cœur que l'on gagne des batailles.

• *Die Liebe ist eine Nachtigall, die nicht überall gesehen, aber auch nicht überall gehört werden möchte.*

• Avant toutes choses l'homme doit rester secret, ne rien livrer de son passé. *Der Kavalier geniesst und schweigt.*

• L'homme qui aime les femmes, les déshabille toujours, ne serait-ce que de l'œil. En amour, comme en chirurgie, il faut une discipline. Heureux ceux qui ont su l'acquérir, la bonne. A peu de variantes près, elle réussit alors avec toutes les femmes ou presque.

• Il n'existe pas une femme parfaite, avec laquelle l'amour serait une suite de joies sans mélange des sens, de l'esprit et du cœur. Deux êtres amarrés l'un près de l'autre, sont comme deux vaisseaux secoués par les vagues : les coques se heurtent et gémissent.

• Pour Alfred de Musset : « Tous les hommes sont menteurs, inconstants, faux, bavards, hypocrites, orgueilleux ou lâches, méprisables et sensuels. Toutes les femmes sont perfides, artificieuses, vaniteuses, curieuses et dépravées. Mais il y a au monde une chose sainte et sublime, c'est

Mariage à Altkirch célébré par Monseigneur Weber.

l'union de deux de ces êtres si imparfaits et si affreux. » Ils doivent vivre dans le présent. Ce qui est important, c'est de tirer de chaque moment ce qu'il peut contenir d'intensité. Le bonheur est chose bien légère qui nous glisse sous les doigts comme l'eau d'une fontaine. Mes moments très beaux sont toujours mélancoliques. On sent qu'ils sont fugitifs, on voudrait les fixer, on ne peut pas. La vie n'étant qu'un court passage sur terre, il faudrait peut-être essayer de rêver nos vies et de vivre nos rêves !

A présent nous sommes en 1946, à la fin de la guerre. J'arrivais à un tournant décisif de mon existence. Aussi fallait-il penser sérieusement à l'avenir, à l'installation à mon propre compte, mais aussi au Mariage.

Entre temps j'avais rencontré, comme l'avait fait mon père 33 ans auparavant, « la Perle du Sundgau ». C'était Jacqueline Fehr d'Altkirch, que je voyais douée de toutes les perfections : jolie fille, intelligente, ménagère, Alsacienne et j'en passe, de qui je me suis amouraché et qui devint ma future femme.

Le 23 septembre 1946 nous nous sommes mariés à Altkirch, ville natale de mon épouse. Le bon Dieu nous a garanti un temps magnifique ce jour-là. Ce fut un grand mariage qui fut béni par mon cousin Monseigneur Jean Julien Weber évêque et plus tard Archevêque de Strasbourg.

Après la cérémonie du mariage et les félicitations d'usage, les invités au repas de noces furent reçus dans une grande salle de classe réservée par Monsieur Dietmann Joseph, à l'école d'Illfurth où il était Directeur. Monsieur Dietmann était le beau-frère de ma belle-mère. Tout se passa très bien et nous fîmes un petit voyage de noces à Ribeauvillé.

Installation à Wittenheim

Nous nous sommes installés le 6 novembre 1946 à Wittenheim, dans une maison qui avait été partiellement détruite pendant la guerre et que l'on avait fraîchement remise en état. Les murs étaient encore humides et il n'y avait pas de chauffage-central. Nous fûmes obligés d'y installer six fourneaux devant fonctionner continuellement, d'une part parce que nous nous trouvions au début de l'hiver, et d'autre part pour que les murs sèchent. Aussi ma femme et moi, nous nous escrimions toute la journée à surveiller, à régler et à maintenir le bon fonctionnement de tous les fourneaux. Ma femme, pleura plus d'une fois à cette tâche, qui souvent la débordait et à laquelle elle n'était pas habituée. Mais nous étions jeunes, et au début nous campions dans la pièce du rez-de-chaussée attenante au Cabinet de consultation, en attendant que les pièces au premier étage veuillent bien sécher. Evidemment c'était surtout la salle d'attente et la consultation qui devaient être bien chauffées. Comme on ne pouvait que difficilement régler tous ces poêles, l'ambiance était souvent surchauffée.

A cette époque j'étais pratiquement seul médecin à Wittenheim. Un autre confrère, le Dr K. était malade et ne travaillait que très peu. Je consultais tous les jours, matin et soir, sans compter les nombreuses visites à domicile que je faisais après les heures de consultation et souvent très tard dans la nuit. En outre je m'occupais d'une maternité tenue par une sage-femme, Madame Bloch, à Kingersheim et qui fonctionnait à grand rendement. D'autres femmes, et c'était encore très courant, accouchaient souvent à domicile. Nous avions aussi une sage-femme libérale à Wittenheim même, pour ces cas (Mlle Birling Germaine). On m'appelait ainsi à toute heure de la journée et surtout de la nuit pour des cas qui n'étaient plus de la compétence de la sage-femme : forceps, siège, transverse, curages ou curetages après révisions utérine, accouchements qui trainaient en longueur et où il fallait intervenir, soit que la vie de la mère ou celle de l'enfant fussent en danger.

Ainsi, peu à peu nous étions arrivés à organiser notre vie en essayant de joindre l'utile à l'agréable. Nous maîtrisions à présent très bien nos fourneaux. Ma femme et l'employée de maison s'occupaient du ménage, de la réception des clients et notaient les visites à domicile.

En outre mon épouse faisait les écritures et s'occupait du fichier. La répartition du travail ainsi organisée, tout le monde était occupé dans la maison. Pour ma part, j'ai bien démarré et dès les premiers jours, les clients affluaient. Il faut dire aussi, que j'étais déjà un peu connu, par les malades que j'avais soignés au Hasenrain et qui habitaient la région.

Pour ce qui était de l'exercice de ma profession proprement dit, les deux années d'exil en Allemagne, auxquelles j'avais été contraint m'avaient quand même servi pour ma vie future. En effet, ayant été obligé du jour au lendemain de prendre en charge un cabinet médical avec toutes les responsabilités que cela comporte, j'avais appris à me débrouiller tout seul. Non pas que le côté professionnel me gênât, j'avais déjà assez de pratique médicale derrière moi. Cependant, tout était d'un seul coup entièrement nouveau pour moi et devait être su sur le champ. Alors que la paperasserie, les certificats et autres écritures se faisaient en Allemand, et que les prescriptions pour la plupart magistrales se rédigeaient en latin, il fallait là aussi se recycler immédiatement. A présent tout se passait de nouveau en Français.

Toutes ces difficultés furent cependant vite aplanies. J'ai donné mes directives à ma femme, qui elle aussi se trouvait transplantée subitement dans une ambiance neuve pour elle, mais elle s'est très rapidement mise au courant. Il faut dire aussi qu'elle s'intéressait à la profession de son mari et le secondait utilement. Ce qui est de première importance pour une femme de médecin qui se respecte.

J'ai déjà dit que le travail du jeune médecin à l'hôpital était plus facile que celui du médecin installé au-dehors. L'épreuve la plus pénible qui attend le jeune médecin installé à la campagne, est l'isolement intellectuel dans lequel il se trouve soudain plongé. Au début, nous avions un abonnement au Théâtre de Mulhouse pour les galas Karsenty mais il fallut vite y renoncer. De même le cinéma nous fut également interdit, malgré la proximité de la ville. Le temps n'était pas assez long. Le médecin de campagne ne doit compter que sur lui-même. Il a le devoir, tout en assumant les fatigues souvent écrasantes de sa profession, et elles l'étaient pendant les premières années de mon installation, d'entretenir et de développer ses connaissances. A cette époque les séances de perfectionnement post universitaires n'existaient pas comme aujourd'hui. Et même si elles avaient existé, je n'aurais pas pu m'y rendre. Il ne faut pas oublier que j'étais pratiquement seul médecin pour Wittenheim et les environs.

C'est bien rarement qu'on a eu l'occasion de rencontrer au sein de la population qui nous entourait, un esprit capable de s'enflammer pour une théorie purement intellectuelle ou scientifique. Ce premier refoulement est bien l'une des sensations les plus désagréables que ressent le « nouveau campagnard ». Nous avons bien rencontré des amis médecins hospitaliers ou autres avec lesquels nous avions des discussions enrichissantes. Mais tout ceci s'évapora très vite.

Ce n'est que plus tard que j'ai pris le temps d'assister pendant quelques années aux Entretiens de Bichat à Paris. Et une année, j'ai même suivi un Cours de Gynécologie Supérieure à l'Hôpital Broca à Paris, pendant tout un mois. C'était évidemment jumelé avec nos vacances. Par la suite nous avons tout de même trouvé des amis à fréquenter, pendant nos rares loisirs, et ce sont des amitiés qui durent toujours. A cet isolement intellectuel, à cet isolement moral, est venu s'ajouter « l'isolement mondain », mais ceci était une question de patience et nous y avons fait face avec le temps. Il a fallu ensuite imposer sa personnalité et ses idées, même si elles ne cadraient pas avec les sentiments de la masse. J'ai déjà dit que beaucoup de gens me connaissaient de l'Hôpital. Néanmoins tous les débuts sont difficiles. La clientèle est beaucoup plus observatrice qu'on ne l'imagine. Elle prisera nos qualités, mais ne manquera pas de souligner nos défauts. Et c'est très souvent de la première impression que dépendra toute la carrière : on peut jouer sa carrière sur son premier cas. Si par maladresse ou par malchance, on échoue, on n'aura plus jamais un seul client et l'on peut aller tenter fortune ailleurs.

Il faut être aimable avec le client, mais sans flagornerie. Il ne nous en veut pas de nous tenir sur la réserve. Il ne nous accordera pleinement sa confiance que lorsqu'il nous connaîtra bien lui-même, et toutes les familiarités excessives ne feraient que le rebuter. Il ne faut être ni trop proche, ni trop distant : on peut sourire, mais ne pas rire, sauf bien plus tard, car il croirait volontiers que l'on se moque de lui.

Un autre problème est celui de la concurrence, qui risque de devenir féroce, vu le nombre toujours croissant de médecins. La Médecine n'est de nos jours plus que rarement un sacerdoce, mais un métier de rapport. Je crois que pour ma part, je n'ai jamais eu de problèmes de ce genre. Il y a eu peut-être, quelques petits accrocs, mais je les ai vite solutionnés « directement » avec les confrères en question, et tout rentrait rapidement en ordre.

En ce qui me concerne, j'avais toujours pour devise : ne faites jamais à autrui ce que vous ne voudriez pas que l'on vous fît ! Il est de loin préférable de faire de nos voisins médecins des amis.

Les clients souvent cherchent, avec un malin plaisir, à semer la discorde entre les médecins. Lorsqu'un malade vient critiquer un confère chez un autre, le plus souvent c'est pour se faire bien voir, pour en tirer un avantage intéressé, quitte à retourner la balle à la moindre petite contrariété. Ils aiment diviser les médecins entre eux. Aussi, est-il rare que les confrères se montrent d'irréductibles concurrents si l'on s'attache à les connaître, et c'est en restant correct que l'on aura le dernier mot. Et les quelques rares qui ne comprennent pas que l'union des médecins entre eux fait leur force, doivent être ignorés.

Enfin, la femme du médecin doit s'organiser, s'adapter, ne pas se tenir à l'écart de la population, mais ne pas s'y mêler trop et cancaner, sinon elle se fera haïr.

Obstétrique à Wittenheim

Nous allons relater à présent quelques souvenirs saillants que nous avons rencontrés durant cette période. Je reviens toujours aux accouchements, qui m'ont le plus marqué durant ma carrière. En effet, il n'y a rien de plus merveilleux que de mettre au monde un enfant. Ce faisant, le médecin est immédiatement récompensé de son travail. Il sent qu'il a fait œuvre utile, qu'il a vraiment fait quelque chose. Il est regrettable pour les jeunes généralistes de ne pratiquement plus voir d'accouchements dans leur clientèle. La plupart d'entre eux ne sont plus non plus formés dans cette discipline, de nos jours.

Tout de suite après la guerre, les parturientes accouchaient le plus souvent à domicile, dans mon secteur. Et lorsque l'accouchement n'avançait pas ou qu'une anomalie se présentait, j'étais sollicité suivant le cas, soit par la sage-femme de la maternité de Kingersheim, soit par la sage-femme de la localité. Les fausses couches, curages et curetages se traitaient également à domicile. La sage-femme faisait la narcose pendant que moi je procédais à l'intervention.

J'étais, dans ces conditions très peu à la maison, et ma femme, jeune mariée ne profitait que très peu de la présence de son mari au foyer. Néanmoins nous nous sommes très bien débrouillés, bien que la vie fût mouvementée. Tout de suite après la guerre tout était encore rationné : il y avait encore des cartes alimentaires, des tickets d'essence, etc. Nous étions jeunes et nous nous en accommodions bien, car ce que l'on acquiert sans travail, sans peine et sans effort ne saurait vraiment satisfaire.

Il faut cependant signaler et je le répète, que les mêmes actes exécutés en milieu hospitalier étaient un jeu d'enfant par rapport à ceux faits dehors. Les conditions de travail étaient toutes différentes.

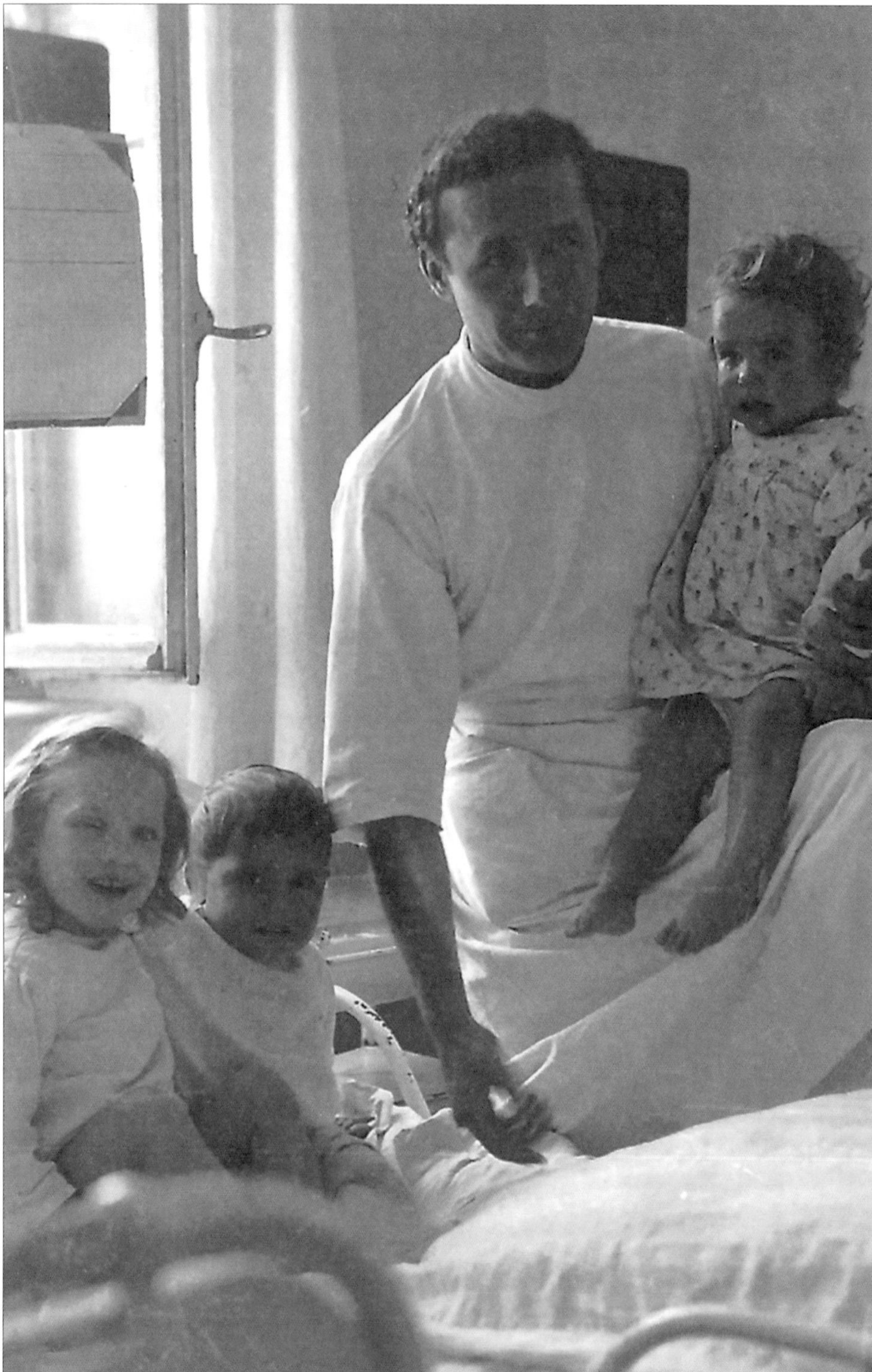

Voyons d'abord comment on opérait à la « Maternité ». C'était une maison particulière sans aménagement spécial, à part que les chambres étaient occupées en permanence par une douzaine de parturientes. La salle de bain servait de salle d'opération. Comme personnel infirmier il y avait le mari de la sage-femme. Les accouchements normaux de la compétence de la sage-femme se faisaient sans l'aide du médecin Ce n'est que lorsque le cas s'avérait difficile qu'on avait recours à moi.

La femme était alors installée sur une table dans la salle de bain. Le mari de la sage-femme faisait office d'assistant et tenait les jambes pendant que son épouse faisait la narcose. Et c'est dans ces conditions plus que précaires qu'il me fallait intervenir, et avec quels risques.

Les sutures de périnée après déchirure ou épisiotomie, se faisaient également, soit en profitant encore de la narcose, soit en anesthésie locale après. La surveillance des accouchées était ensuite assurée par la sage-femme et ce n'est qu'en cas de complications éventuelles que l'on m'appelait au secours.

Je me suis occupé de cette maternité pendant environ 10 ans, après quoi elle fut fermée, n'étant pas conforme à la norme des établissements pratiquant ce genre d'activité. Ce qui était exact. Il n'existait dans cette maison aucun aménagement médico-chirurgical : pas d'instruments chirurgicaux (j'emportais toujours les miens, stérilisés chez moi), pas de Poupinel stérilisateur, pas de linge stérile, etc. Néanmoins, et ce fut toujours ma bête noire, mon angoisse, je n'ai jamais vu d'infections ou de fièvre puerpérale.

Mais pendant le même temps, je faisais aussi les accouchements dehors, à domicile. On opérait en principe sur la table de cuisine. Le scénario était le même que plus haut, avec comme aides, un ou deux membres de la famille ou une voisine. La narcose était également faite par la sage-femme. Notons que dans toutes ces opérations la stérilité était loin de celle préconisée par Joseph Lister. Cependant, malgré toutes ces conditions précaires de travail, je puis dire, que là également, et sans fausse modestie, je n'ai jamais eu de pépins, jamais de fièvre puerpérale ou autre infection. Les enfants sont tous nés vivants et en bonne forme, de même que la mère. Une seule, petite femme accouchée aux fers, a eu une déchirure totale qui s'est heureusement bien terminée après intervention chirurgicale à l'hôpital où je l'avais adressée.

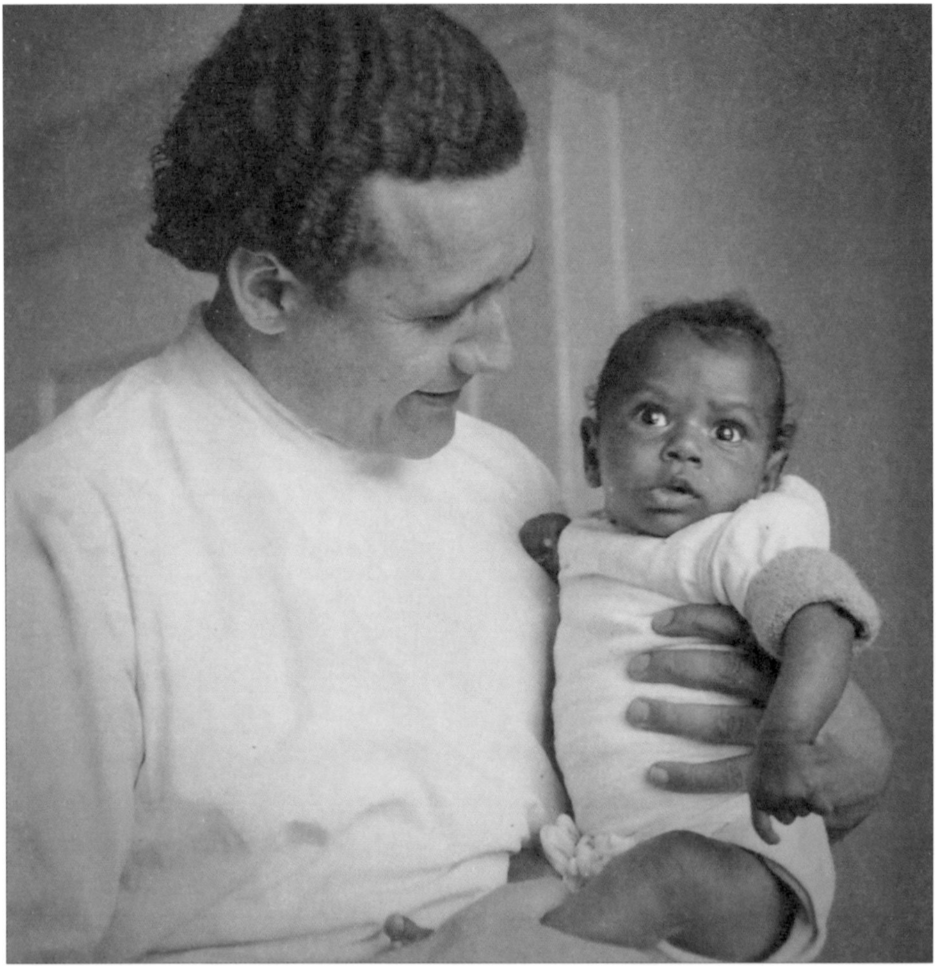

J'ai eu à déplorer quelques cas non récupérables d'enfants anormaux, notamment deux monstres, dont un cyclope, un enfant macéré, deux hydrocéphales, ainsi qu'un méningocèle, tous des cas pour qui on ne pouvait malheureusement rien.

Chez la femme qui a eu la déchirure totale, il s'agissait d'une petite femme, chez laquelle il ne restait que le forceps à faire, la sage-femme m'ayant appelé qu'après un travail engagé pendant un temps beaucoup trop long pour pouvoir envisager une césarienne.

C'était là, l'époque héroïque, toute la responsabilité reposait sur moi et il n'était pas question d'appeler le patron au secours : il fallait agir ! Et seul.

Un certain nombre de cas restent gravés dans ma mémoire, parce que sortant un peu de l'ordinaire. Ainsi, c'était une veille de Noël, je fus appelé par la sage-femme pour une femme chez qui j'avais diagnostiqué d'avance des jumelles. Cette parturiente voulait obstinément accoucher à domicile, bien que je lui eusse conseillé d'aller en maternité à l'hôpital, craignant d'éventuelles complications.

En fait, celles-ci ne se sont pas fait attendre. Quand j'arrivai chez elle, je tombai sur une procidence du cordon et l'ouverture était incomplète. Comme toujours, installation sur la table de cuisine. Étaient présentes la sage-femme et une voisine. Pour compléter le décor, je vois encore deux enfants assis sur les dernières marches de l'escalier du couloir en attendant l'heureux évènement, ainsi que le chien dans un coin de la cuisine. Il fallait donc intervenir impérativement et, ainsi j'ai extrait le premier enfant non sans difficulté par suite de la procidence du cordon. Puis, j'ai dû intervenir pour l'extraction du second qui se trouvait en position transverse. Une version fut faite ainsi que l'extraction du placenta. Si j'ai bonne mémoire, l'un des enfants avait 3 200 grammes et l'autre 3 500 grammes. Tout s'était bien passé, malgré une appréhension initiale de ma part, mais que personne ne remarqua. Et ces deux enfants sont aujourd'hui de grandes jeunes filles qui prennent déjà la pilule.

Un autre accouchement, non moins sportif me revient en mémoire. Un beau dimanche d'été, la sage-femme de Wittenheim vint me prévenir qu'elle serait absente ce dimanche jusqu'au soir, c'était son droit. Mais voilà qu'à 15 heures on m'appelle auprès d'une femme qui serait en train d'accoucher. Quand j'arrive à son domicile, je trouve une femme toute seule en train de gémir sous les douleurs de l'enfantement. Je l'examine et quelle ne fut ma surprise : il s'agissait d'une présentation du siège et la femme était en plein travail. Comme cela se passe en pareille circonstance, il faut laisser évoluer le siège jusqu'à la région scapulaire, facilitant ainsi la dilatation de l'ouverture. Mais une fois arrivé aux épaules, le médecin doit intervenir pour les dégager, faire un retournement de l'enfant et enfin procéder à l'extraction de l'enfant par la manœuvre de Moriceau. Mais toutes ces manœuvres doivent se faire sous narcose. Or, je me trouvais tout seul. J'ai donc procédé à l'anesthésie générale à l'aide du masque avec chlorure d'éthyle suivi d'éther. Et, pendant que la femme dormait, tout en surveillant la narcose, j'ai rapidement extrait l'enfant. Je l'ai séparé du corps de la mère après avoir coupé le cordon ombilical. Mais il fallait entretenir momentanément la narcose pour faire une révision de la cavité utérine et procéder à la délivrance. Ensuite il fallait s'occuper de la mère et de l'enfant. La mère devait être surveillée jusqu'à son réveil, il n'y avait pas d'anesthésiste.

Et pour l'enfant, j'ai fait bouillir de l'eau chaude pour la toilette d'usage du nouveau-né, et je l'ai emmailloté tant bien que mal. Il était bien vivant et se manifestait par ses cris. Bien entendu, j'ai également dû faire la toilette pré- et post-partum de la mère.

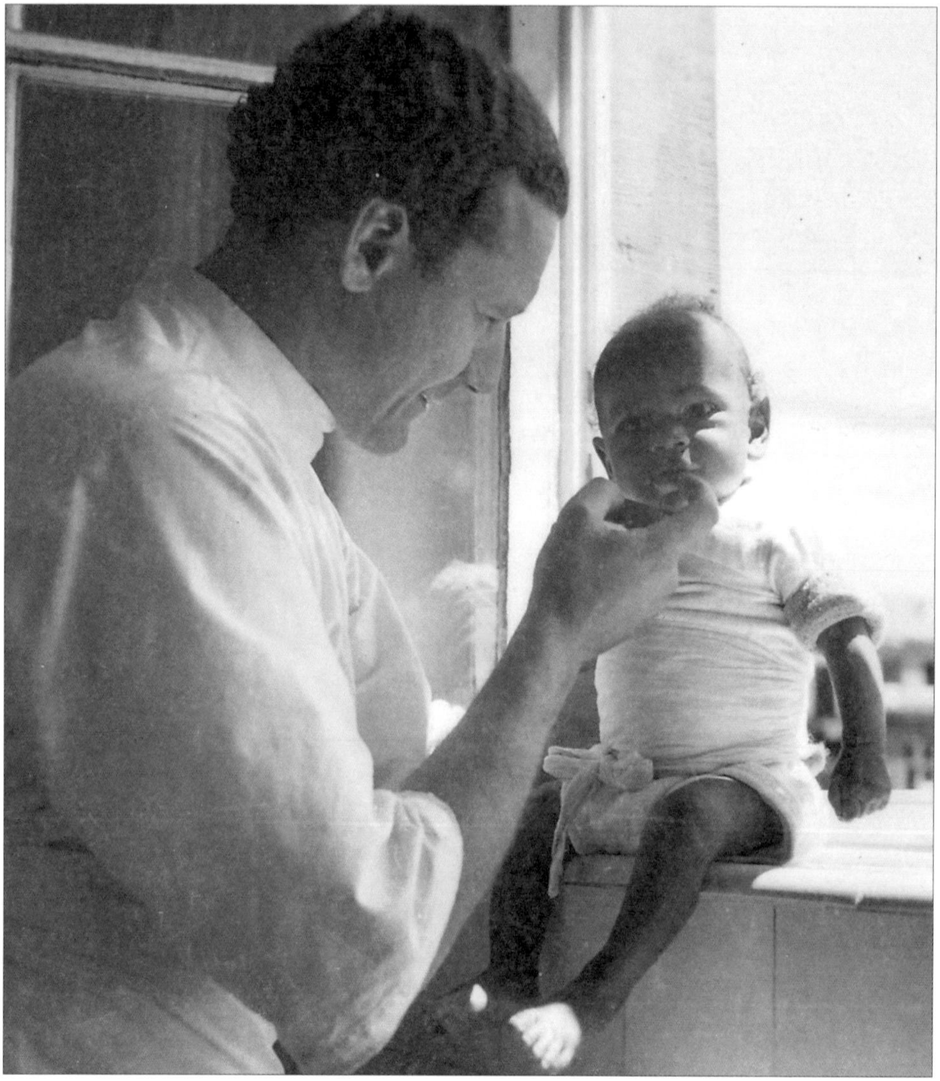

Heureusement que, dans ce cas tout se finit bien. Et, à ma grande surprise, quand tout fut fini, arrivèrent sur les lieux une voisine ainsi que le mari, de retour d'un match de football. Lorsqu'après coup, j'ai réfléchi à la responsabilité que je m'étais mis sur le dos ce dimanche, j'en ai frissonné.

Les curetages à cette époque se faisaient également à la maison. Il me vient à l'esprit le cas d'un curetage à la maternité de Kingersheim, à la suite d'une fausse couche chez une mère de huit enfants. Le curetage s'était bien passé, mais la patiente n'arrêtait pas de saigner abondamment. J'ai encore dans les oreilles le bruit que faisait le filet de sang en coulant dans un seau, tel un petit ruisseau.

Devant ce tableau et me trouvant seul avec la sage-femme, je commençais un peu à paniquer intérieurement, mais toujours en m'efforçant de ne pas le laisser paraitre. Heureusement je suis quand même arrivé à juguler l'hémorragie, en injectant, en dernière analyse, de l'Hypophyse postérieure directement dans le muscle utérin.

La terreur de chacun de nous, médecins omnipraticien, lorsqu'il se sent isolé, sans autre recours possible que lui-même, et responsable en totalité de la mère et parfois de l'enfant, dans un entourage qui a une confiance aveugle, engendre en nous un sentiment qui nous donne une fierté légitime, mais aussi une angoisse cruelle parfois. Mais, avec les années, par suite du nombre toujours croissant de spécialistes, toute cette partie, très intéressante, de la médecine générale s'est éteinte. Aussi, n'avais-je plus ou presque plus à intervenir dans ce domaine, sauf dans de très rares cas d'extrême urgence. Actuellement, tout le monde accouche à la Clinique (Rue du Bourg à Mulhouse) ou à l'Hôpital (Hasenrain). Ce n'est pas une mauvaise chose, en fin de compte. En 15 ans, je ne fus sollicité que deux ou trois fois : dans un cas, la femme avait perdu l'enfant dans la cuvette du WC (Sturzgeburt) et dans un autre, il s'agissait également d'un accouchement spontané de jumeaux au sixième mois. Les sages-femmes ont aussi pris leur « retraite » n'ayant plus rien à faire, le métier n'était plus rentable.

La Médecine a fait aussi de grands progrès dans ce domaine, c'est indéniable. A l'époque héroïque, que j'ai connue, nous n'avions que l'examen clinique, les mains et les oreilles pour mener à bien un accouchement. Actuellement, tout est sophistiqué et rend effectivement

Pot de départ du Hasenrain.

de grands services. Tels sont les appareils pour détecter des anomalies : détection des bruits du cœur de l'enfant qui peuvent être contrôlés tout au cours de l'accouchement. De même, l'échographie permet de déterminer des anomalies très précocement et de nous renseigner utilement sur la présentation, l'âge du fœtus, son sexe, etc. Toutes ces innovations facilitent de nos jours la tâche de l'accoucheur, et permettent d'éliminer une partie de la responsabilité.

Digressions familiales

Le but du Mariage est la continuité de l'espèce humaine. Nous avions la chance d'avoir deux enfants et, de sexe différent. Nous avons relaté plus haut que l'accouchement à domicile, à cette époque, était monnaie courante. Ce qui l'était moins, fut l'accouchement de la mère par son mari. Et, pourtant, ce fut moi qui mis nos deux enfants au monde, à notre domicile à Wittenheim, 81 route de Kingersheim. L'ainée de nos enfants, notre fille Chantal a fait son apparition le 1er juin 1948 à 3 heures du matin. Elle pesait 2 950 grammes, et est née un mardi.

La veille de sa venue au monde, j'avais accouché une jeune femme dans notre rue. Cette parturiente donna, malheureusement, le jour à un monstre. D'autre part, au jour J prévu, ma femme m'accompagna dans la voiture, pendant que je faisais ma tournée des visites à domicile.

Et ceci, d'une part, pour être auprès de moi à la moindre alerte, mais aussi, d'autre part, pour accélérer et renforcer les douleurs du travail. Tout se passa heureusement comme prévu, la mère et l'enfant se portaient bien.

Pour le deuxième accouchement, nous étions partis quinze jours avant la date prévue, à Weggis en Suisse, pour permettre à ma femme de se reposer avant le grand jour. Mais, hélas, après huit jours, elle fut prise subitement de douleurs, bien que l'accouchement ne fût prévu que dans huit jours.

Ne voulant pas que l'accouchement nous surprenne en Suisse, nous avons plié bagages et sommes rentrés à Wittenheim, en pleine nuit, sous une pluie battante. Bien entendu, j'avais administré les médications nécessaires pour retarder l'accouchement imminent et permettre à l'enfant d'arriver au terme prévu. Par bonheur cela s'est produit et mon fils Philippe vint au monde à Wittenheim, le 23 août 1952 à 4 heures 20 du matin, un samedi et pesait 3 520 grammes.

Nous aurions d'ailleurs été bien ennuyés si l'accouchement s'était passé prématurément, puisque ce jour-là, il n'y avait pas une goutte d'eau à Wittenheim. Les coupures d'eau dans notre localité étaient très fréquentes et faisaient partie de la vie courante. Cela est dû au fait que le sous-sol est miné par les galeries des Mines de potasse qui soit s'effondrent ou s'affaissent de temps à autres et entraînent des ruptures de canalisation.

Nos deux enfants furent baptisés par Monseigneur Jean-Julien Weber notre cousin et évêque de Strasbourg, Chantal, le 7 juin 1948, à l'Eglise catholique Sainte Marie de Wittenheim, Philippe, le 10 septembre 1952, dans la même église. Les parrains et marraines respectifs furent : Pour Chantal : le Docteur Gerrer Jean et sa femme Jeanne. Pour Philippe : M. Riethmann Ernest, pharmacien à Guebwiller et son épouse Jeanne.

Mes enfants fréquentèrent pour les petites classes, l'école communale de Wittenheim, puis ma fille fit ses études ultérieures jusqu'au baccalauréat à l'Institution Sainte Ursule, tandis que mon fils, après le C.E.G. de Wittenheim fréquenta jusqu'au bac le Lycée Schweitzer à Mulhouse. Plus tard, ils poursuivront des études universitaires à Strasbourg.

J'ai toujours été un peu dur avec mes enfants, pour leur bien. Mais, je l'étais aussi avec moi-même. Pasteur n'avait' il pas dit : « Ne cherchez pas à éviter à vos enfants les difficultés de la vie, apprenez-leur à les surmonter. L'idéal, ce n'est pas une vie confortable, exempte de difficultés. Le vrai but de la vie, ce pourquoi il vaut la peine de vivre, c'est le don de soi-même aux autres. Il faut aussi pouvoir dire, quand on quitte la vie, j'ai fait ce que j'ai pu. »

Ma femme et moi, nous avons donné à nos enfants les moyens nécessaires pour pouvoir se débrouiller tout seuls dans la vie. Ma fille Chantal a fait de son mieux, elle est pharmacienne. Pour mon fils, Philippe, par contre, j'avais « rêvé » un peu mieux que ce qu'il a fait. Bien vite j'avais remarqué que je m'étais forgé des idées utopiques à son encontre. J'avais toujours présent à l'esprit cet adage : avoir un fils c'est bien, en faire un homme c'est mieux. Aussi, faut-il dans certains cas être modeste, franc et

Photo de famille en 1947.

savoir obéir. Mais il paraît que, qui ne tue pas le père, ne sera jamais adulte. L'adolescent a besoin de « s'opposer » pour se prouver qu'il peut être autonome. Musset disait déjà que « l'on peut laisser à un adolescent une maison bien bâtie, de pierres solides, il n'en est pas moins vrai qu'il doit commencer par la détruire. » Néanmoins, dans l'état actuel des choses et vu la conjoncture actuelle, il n'a quand même pas choisi la plus mauvaise part, pouvant avantageusement profiter de la situation que je lui ai laissée. Je crois qu'il connait son métier et pour l'avenir, ce sera à lui de jouer.

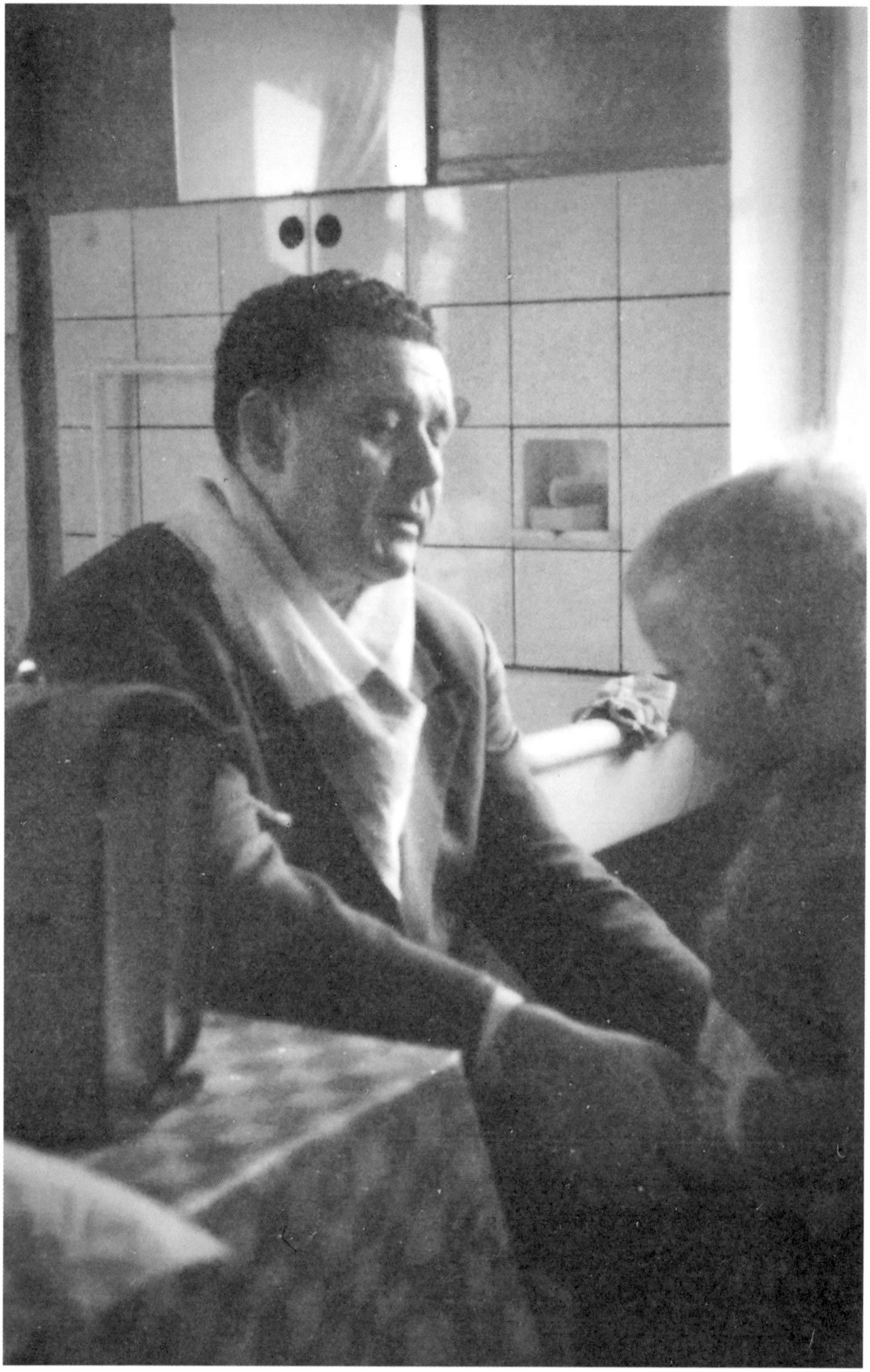

Pratique médicale à Wittenheim

Après cette digression d'ordre familial et qui pourtant se trouvait au centre de notre petit univers, nous allons, à présent rappeler d'autres aspects de mon activité à Wittenheim. Jusqu'en 1952, j'exerçais pratiquement seul à Wittenheim. Mais mon activité s'étendait en plus aux communes voisines : à Kingersheim (sans médecin), à Ruelisheim et Battenheim (sans médecin), à Illzach (un médecin) à Baldersheim (sans médecin), à Schœnensteinbach et Pulversheim (sans médecin}. Toutes ces localités sont actuellement pourvues de médecins, et en nombre.

En plus, tout de suite après la guerre, ma voiture, n'étant pas neuve, me causait de nombreux ennuis et tombait souvent en panne, soit qu'elle ne démarrait pas, soit panne mécanique, soit qu'il faisait trop froid, en hiver. En effet, à cette époque nous avions encore des hivers très rudes et l'étanchéité du garage était plutôt précaire. Aussi m'arriva-t-il, plus d'une fois de rouler en vélo jusqu'à la maternité de Kingersheim quand la voiture faisait grève, tout en étant chargé comme un mulet, devant emporter tout le matériel nécessaire à l'accouchement (valise avec les instruments, matériel de suture, anesthésique, masque, etc.). En plus de cela la route était encore pavée. J'arrivais ainsi, tout en nage, à Kingersheim, alors que normalement j'aurais dû être frais et dispos à ce moment-là. Mais j'étais jeune.

Les jeudis, je ne consultais que les toutes premières années de mon installation, cependant les visites à domicile suivaient quand même toujours leur cours. Trois jeudis par mois je faisais des consultations de nourrissons (à Wittenheim, Kingersheim et Cité Théodore Sainte Barbe) et ceci pendant 25 ans.

En plus, je procédais aux vaccinations collectives dans les communes de Wittenheim, Kingersheim, Illzach Modenheim, Ruelisheim, Battenheim,

Baldersheim et même Sausheim. Depuis 1980, je ne vaccine plus qu'à Wittenheim, car il y a maintenant partout des jeunes médecins installés. De la sorte, je n'ai jamais eu de journée de repos par semaine. Même les matinées du dimanche étaient occupées le plus souvent dans le but d'effectuer tranquillement des interventions de petite chirurgie (ablation de kystes, verrues, extraction d'un ongle incarné etc.), ou de faire sérieusement des examens pour assurance vie, demandes d'invalidité, etc. Toutes ces choses qui prennent beaucoup de temps.Tout ceci était et est toujours très loin du « romantisme » que l'on nous prête, et qui n'existe pas.

Les accidents de la route étaient presque journaliers. Alors, le médecin, que ce soit de jour ou de nuit, et à n'importe quelle heure, devait se précipiter sur le lieu de l'accident, pour faire le constat, ordonner le transport de la victime à l'hôpital, faire la paperasse demandée par les gendarmes ou le parquet et par la suite, en plus, la prise de sang qui devint obligatoire pour la détermination du taux d'alcoolémie. Tout ceci a disparu avec l'avènement du SAMU.

Bien entendu, tous ces déplacements et dérangements restaient impayés la plupart du temps. Il en fut de même pour la collaboration de ma femme aux séances de vaccinations, et il en est encore ainsi actuellement. Sa participation a toujours été bénévole, et après presque 40 ans, elle attend encore toujours un « merci » !

Les premières années d'après-guerre, l'organisation de ces séances de vaccinations ne fut pas une sinécure. Nous vaccinions tous les ans des centaines de sujets. Les seringues auto-injectables, toutes prêtes à l'injection, n'existaient pas. Avec une dizaine de seringues fournies par moi-même et qu'il fallait stériliser extemporanément, durant toute la séance de vaccination, ainsi que les aiguilles, il fallait se débrouiller Actuellement, comparativement à cette époque, avec des seringues toute prêtes et des seringues à jeter, une pour chaque assujetti, la vaccination est devenue un jeu d'enfant.

Pour les rixes, qui sont toujours d'actualité, on faisait appel au médecin, soit pour un traitement (sutures, injections calmantes, antitétanique, etc.), mais surtout pour le « constat » exigé par la gendarmerie, stipulant surtout la durée d'incapacité de travail. Aussi, faisait-on l'intermédiaire entre les deux protagonistes pour les calmer et éventuellement les réconcilier. De nombreuses heures de sommeil furent ainsi sacrifiées. Les suicides et les tentatives de suicide étaient également l'apanage du médecin praticien. Aucun spécialiste psychiatre ne se déplacerait dans pareil cas qui à mon avis, serait de sa compétence.

Les pendaisons apparaissaient de façon saisonnière. Là aussi, il fallait faire le constat et éventuellement voir s'il n'y avait pas crime. Les tentatives de suicide ne sont pas rares, soit par dépit amoureux, affaire familiale ou autre. On s'ouvre, en général, les veines du poignet, sans se faire très mal le plus souvent, ou bien ce qui est déjà plus grave, on absorbe des doses importantes de médicaments plus ou moins toxiques. Le lavage d'estomac et le traitement de l'état général s'avèrent alors urgents et le placement hospitalier s'impose. Il y eut également le suicide d'un ingénieur par arme à feu : la décharge d'un fusil de chasse en plein dans la bouche, entraîna l'éclatement de la boite crânienne et la mort instantanée.

Parmi les crimes, les vrais, il faudra retenir le cas d'une femme qui trancha la tête de son mari avec une hachette bien aiguisée à cet effet. Elle fut d'ailleurs relaxée pour légitime défense, vu la brutalité du mari, alcoolique invétéré. Cette affaire valut à la dame le nom de Jeanne Hachette !

J'ai retenu également un crime spectaculaire. Il s'agissait d'un ressortissant polonais qui fut assassiné par le père et le fils d'une autre famille polonaise qu'il venait importuner régulièrement. En arrivant au domicile de ces gens, après le crime, je vis le cadavre couché derrière la porte d'entrée, baignant dans son sang. Il avait été tué sauvagement de vingt coups de burin dont il était criblé de partout. Il va sans dire que le sang avait giclé abondamment aux murs et au sol,

Une autre fois, j'ai assisté à un autre carnage. Le crime accompli, le tableau était à peu près identique, mais cette fois il s'agissait d'un double meurtre. Un mari jaloux avait tué sa femme et sa belle-mère dans un accès de rage, à l'aide d'un grand couteau de cuisine. Il avait heureusement épargné un enfant de huit mois. Les deux corps nageaient littéralement dans une grosse mare de sang. Le mari se promène actuellement, en liberté, après avoir été jugé irresponsable pour troubles mentaux.

J'ai refusé trois fois le permis d'inhumer. Une première fois, c'était justifié. Une mère de famille fut condamnée pour avoir laissé mourir son

Remise de l'Ordre du Mérite
par Monseigneur Wéber.

enfant par manque de soins. Les deux autres fois, il y avait de fortes présomptions. Dans un cas il s'agissait d'aller constater la mort d'une femme, couchée dans son lit et morte depuis 5-6 jours. Ignorant tout de ses antécédents et, devant cette situation, je n'ai pu délivrer le permis d'inhumer. A signaler aussi, que, pendant tout le temps où sa femme était morte, le mari avait continué à coucher dans son lit à côté d'elle, sans avoir appelé de médecin à son chevet. Il faut dire qu'il s'agissait d'un alcoolique invétéré, ce qui expliquait beaucoup de choses. Après enquête par le Parquet, il n'y eut pas de suite judiciaire.

Dans un troisième cas, je fus appelé à 2 heures du matin pour venir examiner un homme. Ce n'était pas non plus un de mes clients, donc un inconnu pour moi. Lorsque j'arrivais dans cette maison il n'y avait personne pour me recevoir. Mais lorsque je pénétrai dans la cuisine, je réalisai vite de quoi il retournait, un homme mort baignait dans son sang sur le sol de la cuisine qui semblait peint en rouge. Sans doute dans sa lutte avec la mort, cet homme s'était démené dans tous les sens dans la pièce. A côté du cadavre se trouvait un couteau plein de sang. Ce qui m'a frappé et m'a fait tiquer fut que la lame du couteau n'était pas tranchante mais un peu en lame de scie. Et, comme la mort était due à la section du cou, la gorge tranchée jusqu'à la colonne cervicale, j'avais de la peine à admettre que la victime s'était suicidée, c'est-à-dire s'était tranché « elle-même » la gorge. La section n'était pas franche, mais plutôt tailladée, hachée. Il n'y avait cependant pas crime dans ce cas. J'ai su plus tard qu'il s'agissait d'un malade à antécédents psychiatriques, qui avait déjà fait plusieurs séjours à l'hôpital psychiatrique de Rouffach.

Le rôle du médecin de campagne est multiple. Il est sollicité pour des affaires simples, mais aussi pour d'autres plus ou moins délicates et engageant sa seule responsabilité. Ce rôle n'est pas non plus toujours sans risques.

Wittenheim ayant subi pas mal de dégâts pendant la guerre, de nombreuses familles sans abri ont dû être relogées dans des baraquements. Ainsi, une nuit, on m'appela d'urgence pour me rendre à l'une de ces baraques, où un surexcité, sous l'emprise de l'alcool, serait en train de démolir et la baraque et ses occupants, à coups de hache. En arrivant sur les lieux je trouve une baraque en pleine obscurité, la porte grandement ouverte et toutes les vitres brisées. Devant l'habitat, se roulant dans l'herbe, gémissaient deux hommes. L'un avait une grosse plaie au niveau du cuir chevelu, tandis que l'autre avait une grande plaie au niveau de la région scapulaire. Les deux saignaient abondamment. Comme tout se passait en pleine obscurité, je ne pus que voir sommairement les deux blessés, quand subitement je vis surgir de derrière la baraque un individu de très grande taille qui s'avançait vers moi en tenant dans sa main droite une longue hache cachée derrière son dos. Connaissant le gars, qui était très éméché, et voyant la hache, je m'approchai très près devant lui, tout en essayant de le raisonner et de le calmer. Je ne tenais absolument pas à être fendu en deux au cas où une nouvelle vague belliqueuse se serait emparée de lui. La gendarmerie fut ensuite prévenue par mes soins et les gisants furent hospitalisés, tandis que notre héros fut écroué pour coups et blessures.

Une autre fois, on m'appela chez une femme surexcitée, nerveuse, qui tentait de tout casser chez elle. Je me tenais devant elle, essayant de la raisonner pour la calmer, lorsque subitement elle voulut se précipiter sur moi avec un grand couteau de cuisine à la main. Heureusement, son mari se tenait derrière elle et réussit à la ceinturer à temps, m'évitant ainsi une boutonnière au ventre.

Moins dangereuses sont les injures que ces individus survoltés vous lancent à la figure, des épithètes pas très reluisantes et qu'il faut évidemment accepter et encaisser.

Plus d'une fois je suis tombé dans un escalier trop ciré où j'ai risqué de me casser un membre et je m'en suis tiré avec des bleus aux fesses. Je ne fais que mentionner les morsures de chien que j'ai subies et qui auraient pu être évitées si on avait mis ces bêtes en sécurité avant l'arrivée du médecin que l'on attendait.

Pour se faire une opinion plus complète de mon activité, nous allons à présent passer en revue quelques cas particuliers, pris pêle-mêle dans ma clientèle, en nous étendant néanmoins un peu plus longuement sur le problème des suicides.

L'homme qui abandonne la lutte pour la vie, désespère et en arrive au suicide, c'est-à-dire à la mort volontaire. Je résume les cas que j'ai pu constater Il s'agissait de suicides par intoxication au gaz, par noyade volontaire, par arme à feu, pendaison, absorption de barbituriques à fortes doses.

Monod, Paulin et Thomson estiment que la mort devrait être considérée comme une partie intégrante de la vie. Et il s'ensuit que, puisque tout individu a le droit de vivre, il a aussi le droit de mourir. Ceci se discute. Je crois qu'il faut entretenir chez les hommes le goût de vivre. Tant que l'instinct de conservation ne s'émousse pas, la bataille n'est pas perdue.

Le suicide vu par le praticien est un problème individuel plus ou moins vécu comme un constat d'échec. Pour le sociologue, au contraire, chacun des 12 000 suicides qui se produisent annuellement en France forme la matière d'un phénomène collectif qui obéit à des lois particulières : âge, saisons etc., que la physiologie de chaque personne est insuffisante à expliquer.

Les hommes naissent et demeurent libres et égaux en droit. Les députés de l'Assemblée, de l'Assemblée Nationale, les Députés de l'Assemblement qui décrétaient les droits de l'Homme et du Citoyen, au mois d'août 1789, se sont bien gardés de rajouter : ils restent égaux jusque dans la mort. Tant il est vrai que, si tous les êtres humains sont condamnés à mourir, l'âge auquel se produit la fatale échéance varie selon le sexe, les comportements, le cadre de vie, et l'environnement professionnel, socio-culturel, familial ou géographique de l'individu. Il existe une inégalité sociale face à la mort. D'autres cas dramatiques vinrent assombrir mon activité journalière, parmi lesquels ceux avec mort d'homme, les crimes, les accidents de la circulation allant de la simple contusion à l'exitus, les suites de rixes, blessures de couteau ou autres armes.

Evidemment les urgences médico-chirurgicales étaient dépistées par le médecin praticien, le vrai et premier médecin des urgences. C'est ainsi que j'ai vu défiler des syndromes abdominaux alarmants : appendicites aiguës ou même perforées, estomac perforé, occlusions intestinales, etc., des œdèmes aigus du poumon, encéphalite aigues, méningites, affections cardio-vasculaires, insuffisance aigue du cœur, infarctus, angines de poitrine, crises d'asthme, convulsions chez des enfants, faux croup. J'ai même vu, tout de suite après la guerre, des cas de « vrais » croup diphtériques, qui ont heureusement disparus de nos jours dans nos régions grâce aux vaccinations systématiques. Puis des épistaxis, des hémorragies de toutes sortes : gynécologiques, dentaires, etc. Ainsi que des accidents vasculaires cérébraux, des hémiplégies, etc.

L'avortement a toujours existé, la plupart du temps criminel, comme on l'appelait communément à cette époque. Alors que dans le temps, toute tentative d'avortement était punissable par la loi, actuellement l'ivg, (interruption volontaire de la grossesse), est devenue légale.

Néanmoins, le problème de l'avortement reste délicat et interroge notre conscience individuelle. C'est un problème éthique, qui ne doit pas être traité à la légère. Les avis restent cependant partagés à ce sujet. Certains donnent une priorité absolue au respect de toute vie humaine, dès la conception, tandis que les autres considèrent que l'avortement, ne peut, dans certains cas, être évité. Mais personne ne doit songer à « banaliser » l'avortement, à le considérer comme un moyen « contraceptif » comme les autres. Personne ne nie le traumatisme qu'il provoque chez presque toutes les femmes.

Nombreux sont les médecins, mêmes partisans de l'avortement, qui estiment qu'il y a incompatibilité entre l'avortement et leur vocation qui est de sauver les vies.

La maladie fait partie de la vie et on ne peut imaginer de biologie sans qu'il y ait quelques aberrations. C'est un des risques de la vie. Et ceci nous amène au problème des cancéreux, qui constitue pour chaque médecin un problème douloureux et le plus souvent insurmontable quant au pronostic.

La médecine ne pouvant que très rarement encore guérir, notre seule arme sera de soulager et de consoler. Et dans ces cas qui, le plus souvent, sont désespérés et où la souffrance est grande, je pense que le médecin qui parvient à se représenter la souffrance des autres a déjà parcouru la première étape sur le difficile chemin de son devoir.

Mais, citons rapidement quelques cas de cancers rencontrés durant mon activité. C'étaient des cancers du tube digestif : œsophage, larynx, estomac, rectum, des cancers de la peau, de la sphère génitale chez l'homme : testicule, prostate, reins ainsi que chez la femme : utérin, sein, cancers du poumon, etc.

Pour ce qui est des cancers du sein, je voudrais relater deux cas un peu particuliers. Chez une de ces femmes, il s'agissait de l'atteinte d'un sein. On pratiqua l'amputation de ce sein avec curage ganglionnaire et radiothérapie, mais malheureusement, assez rapidement après, le deuxième sein fut atteint à son tour. Les métastases s'installèrent et l'issue fut fatale. Ce qui fut particulier dans ce cas, c'est que la malade supportait son sort avec un courage énorme et admirable. En effet, elle était parfaitement au courant de son affection et en parlait comme s'il s'agissait d'une affection banale et bénigne.

Dans un autre cas, il s'agissait d'une patiente d'environ 45 ans, qui vint un jour à ma consultation, me montra son sein où l'on palpait déjà une petite tumeur. Elle demandait à être hospitalisée pour qu'on lui enlève « son cancer du sein ». Je ne sais si elle pensait réellement si bien dire. Toujours est-il que son « diagnostic » était juste et l'on procéda à l'ablation chirurgicale de ce sein malade, suivie de radiothérapie.

Tout allait bien et je n'ai plus revu la malade, jusqu'au jour où l'on m'appela parce qu'elle ne pouvait plus respirer et parce qu'elle avait un gros ventre. Il s'agissait de métastases dans toute la colonne vertébrale, dans les poumons, la matrice et en plus elle avait une ascite importante, cause de compression et de dyspnée. J'étais obligé de ponctionner plusieurs fois cet épanchement et chaque fois après la vidange, cette femme se livrait de nouveau à ses travaux ménagers. A noter également qu'elle avait, en dehors de son mari, encore à s'occuper d'un jeune garçon de huit ans. Ce qui m'a frappé dans ce cas, comme d'ailleurs dans le précédent, c'est le courage exceptionnel dont ont fait preuve ces deux femmes durant tout leur calvaire. Je signale aussi, que ce deuxième cas n'avait jamais eu besoin de la moindre médication antalgique jusqu'au bout.

L'évolution de ces cancers du sein semble cependant assez variable et assez fantaisiste. J'ai en effet, vu un cas où l'apparition et l'évolution furent excessivement brutales avec envahissement massif des deux poumons, suivi d'un exitus non moins brutal. Alors que chez une autre femme, encore jeune d'environ trente ans, survint une grossesse deux ans après la mammectomie pour cancer du sein. La grossesse fut menée à bon terme et je crois que cela date actuellement d'une vingtaine d'années. Comme seule séquelle il y a eu un œdème du bras du côté opéré, ce qui est fréquent après ces interventions. J'ignore la suite de l'évolution de ce cas l'ayant perdue de vue.

Une autre fois on m'appela chez une vieille femme, pour des douleurs subites dans la hanche droite. Elle souffrait, paraît-il depuis longtemps et était soignée pour sciatalgie. J'ignore pourquoi on n'avait jamais fait d'examen radiologique chez cette patiente. Le fait est que lorsque j'examinais cette femme, je constatais une fracture spontanée du col du fémur sur métastase osseuse, avec os soufflé apparue 30 ans après l'amputation du sein. Ici l'évolution de la maladie fut très longue, sans chimiothérapie. La nature n'évolue pas toujours selon les normes classiques. Elle est bonne mère, mais a aussi ses caprices.

Un cas tragique fut aussi celui d'un enfant atteint d'un sarcome à l'œil. Il s'en suivit une énucléation de l'œil droit suivie, un an après de celle inévitable de l'autre œil. Cet enfant a survécu jusqu'à l'âge de deux ans et fut enfin délivré par la mort.

Je ne m'attarderai pas longtemps sur les cancers de la vessie qui eux aussi sont souvent très aléatoires. Mais au courant de mon activité médicale, je fus mis en présence d'autres situations plus ou moins spectaculaires.

Un jour, j'arrive dans un taudis sombre ou règne une odeur nauséabonde, de porcherie, de patates aigrelettes, de mélange de détritus humains, où voisinent, dans une même pièce sale, sans ordre, la cuisinière avec des casseroles qui n'ont jamais été lavées et qui servent cependant tous les jours. Dans la même pièce se côtoient la vase de nuit à moitié plein, les pots de confiture couverts de poussière, le linge sale, le bois de chauffage, le charbon, de vieux journaux, des effets vestimentaires. Tout ceci pêle-mêle dans la cuisine.

Je pénètre dans la chambre attenante dans laquelle se trouvent deux lits qui n'ont plus été faits depuis au moins cinq ans. Dans l'un des deux lits crèche une pauvre vieille à demi paralysée des jambes qui ne se lève pratiquement plus depuis deux ans. Cette chambre présente également un fouillis indescriptible dans une saleté repoussante et une très mauvaise odeur. Dans tout cela le vieux se traîne dans la cuisine. C'est lui qui s'occupe du ménage ! Il est sale et n'a sûrement plus pris de bain depuis 10 ans. Il est aussi malade, le pauvre vieux.

Ce sont les voisins qui m'avaient appelé auprès de ces deux épaves, ayant constaté les conditions lamentables dans lesquelles vivaient ces pauvres gens. Le vieil homme, qui jadis était un honnête travailleur n'était à présent plus qu'une loque, une épave au chevet d'une autre épave, son épouse paralysée et à demi folle.

Dans notre profession nous rentrons dans toutes sortes de milieux, riches, aisés et pauvres, bien qu'actuellement les vrais pauvres, les vrais démunis soient assez rares ou alors ils le sont par leur propre faute, n'ayant pas voulu travailler.

Tout de suite après la guerre, de nombreuses familles vivaient dans des baraquements, comme nous l'avons relaté plus haut. Actuellement, tous ces gens ont été relogés et il n'y a plus que les Manouches de Kingersheim qui vivent encore ainsi, de nos jours.

Je tiens encore à relater une scène insolite à laquelle j'ai assisté lors d'un remplacement que j'avais fait à Soultz. On m'avait appelé chez une famille italienne qui vivait en baraque, dans une seule et assez grande pièce, en somme un plain-pied d'une seule pièce. Dans cette unique chambrée, où la bonne odeur faisait défaut, se trouvait un coin basse-cour avec les poules et coqs sur leur perchoir et en dessous d'eux des oies et des canards, reposant sur un sol jonché de détritus provenant de toutes ces bêtes. Dans un autre coin, le coin « étable », étaient attachés une chèvre et un cochon. Pour les deux coins restants, l'un servait de coin cuisine avec une table et trois chaises, alors que dans l'autre se trouvait le lit avec la malade. Il n'y avait évidemment pas d'eau courante, les toilettes se trouvaient dehors, quelque part dans la nature. Cette ambiance et cette ménagerie dégageaient une odeur de ferme mal entretenue. On s'imagine aisément comment les soins pouvaient être correctement dispensés dans de pareilles conditions. Seulement n'oublions jamais que la nature arrange bien souvent à elle seule les choses, et dans ces conditions, comme chez les tziganes ou les vanniers, il n'y a jamais de pépins ou du moins rarement.

Une autre fois je fus appelé chez une femme, que les voisins n'avaient plus aperçue depuis la veille. En rentrant dans la chambre, une forte odeur de gaz vint à ma rencontre. La femme gisait évanouie à côté de ses deux chiens morts. Après des manœuvres de réanimation et injections de tonicardiaques, la pauvre femme fut évacuée à l'hôpital où elle eut la chance de s'en tirer. Il s'agissait d'une fuite de gaz provenant d'une conduite défectueuse. Elle était, à présent seule, privée de ses deux fidèles compagnons.

On m'appela aussi pour faire des constats de mort « anormale ». Ainsi j'ai dû me rendre un jour à Battenheim où on avait retiré un cadavre de l'Ill. Le corps se trouvait dans la « morgue » du cimetière, petit réduit où étaient entreposés les outils du fossoyeur et autre matériel plus ou moins disparate. Aussi y avait-il très peu de place pour se mouvoir et examiner avec l'appariteur ce cadavre dont la peau se détachait par lambeaux et sur laquelle se promenaient les nombreux vers de la décomposition. La peau était entièrement macérée et dans ce réduit régnait une odeur nauséabonde. D'après les renseignements reçus, il s'agissait d'un homme qui s'était suicidé quelques jours auparavant en se jetant à l'eau. Le permis d'inhumer pouvait être délivré.

Il me vient aussi à l'esprit quelques cas vécus durant mes stages hospitaliers. Ceci se passait notamment au service de chirurgie. Dans mon service était hospitalisé un vannier qui avait reçu plusieurs coups de couteau dans le ventre d'un de ses congénères lors d'une rixe traditionnelle. Il s'en suivit plusieurs perforations intestinales qu'il fallut suturer. L'opération se passa bien et le lendemain toute la tribu est venue au complet lui rendre visite. Notre malade en a profité pour manger et boire à « sa santé » alors qu'il était absolument contre-indiqué de s'alimenter après son opération. Le résultat ne se fit pas attendre, et le soir, lorsque j'ai fait la visite, j'ai trouvé mon bonhomme avec 40 de fièvre, des douleurs abdominales et des vomissements. Tout autre que lui serait mort de péritonite. Mais non, notre vannier, homme de la nature, en réchappa et, qui plus est, rentra guéri après 15 jours. Il y a un bon Dieu pour cette catégorie de gens, comme pour les ivrognes.

Il me vient encore à l'esprit un autre cas vécu au service de pédiatrie et qui était plutôt un peu cocasse. Un enfant de 2-3 ans était debout dans son lit, les langes pendantes, et était en train de grignoter le contenu d'une main pleine d'ascaris qu'il avait récolté dans ses langes. Les enfants portent tout à la bouche, même les choses les plus insolites.

Après chaque guerre on assiste à des progrès de la Médecine, mais qui furent surtout importants après la dernière guerre. En 1938-39 j'ai assisté à l'avènement des Sulfamides, grâce auxquels, avec quelques comprimés de Dagénan, on asséchait une blennorragie. De même en 1936 ai-je assisté à l'arrivée des Antibiotiques, notamment de la Pénicilline G. de Flemming, qui ne fut commercialisée qu'après la Deuxième Guerre mondiale. Cependant, en 1946, seuls les hôpitaux pouvaient en disposer, mais hélas, au compte-goutte seulement. Le Hasenrain, par exemple touchait, en tout et pour tous les services réunis, 5 millions d'unités qu'il fallait distribuer judicieusement et avec parcimonie : deux millions d'Unités pour la chirurgie, deux millions pour la gynécologie et le reste pour les services de médecine. Evidemment l'utilisation de la pénicilline devait être justifiée avec observations à l'appui. Aussi, au début, on faisait des miracles avec cette nouvelle drogue. Une gonorrhée était guérie avec 100 000 unités. L'inconvénient, au début, où la forme retard n'existait pas encore, fut qu'il fallait faire une injection toutes les trois heures, pour les choses sérieuses. On arriva cependant assez rapidement à une forme retard par la suite.

J'ai en mémoire un cas assez curieux d'un enfant de 3 ans qui avait une méningite à Bacille de Pfeiffer, connue pour être tenace et très dangereuse. J'avais proposé au Patron, le Dr Vonderweidt d'essayer chez ce petit malade un traitement à la pénicilline. Je lui injectai un jour 50 000 unités par voie intrarachidienne. Il y eut une rémission, mais l'enfant rechuta. Je suis alors allé racler les restes de tous les flocons de pénicilline vides pour arriver finalement à lui faire 75 000 unités. Même scénario, rémission et récidive jusqu'au jour où je suis arrivé à persuader le Chef de faire une cure de pénicilline suffisante, ce qui a alors amené la guérison de l'enfant. Les doses minimes qui suffisaient à l'époque pour guérir, paraissent actuellement ridicules.

Il existe aussi des gens qui adorent faire des plaisanteries aux médecins. Je n'ai évidemment pas été épargné par ce genre d'amusement idiot. Une nuit, vers deux heures du matin, on m'appelle d'urgence pour Battenheim. Dans un car entre Battenheim et Ensisheim, un homme serait mourant victime d'une crise cardiaque. Je fonce en pleine nuit sur Battenheim, puis sur Ensisheim, sans rencontrer quoi que ce soit sur la route. Après avoir fait le trajet Battenheim –Ensisheim plusieurs fois, et ne voyant toujours rien, je conclus à une blague idiote et je fais demi-tour. Ce faisant, je remarque une ambulance spécialement venue de Mulhouse et qui tourne également en rond à la recherche du grand malade. Je l'arrête et me renseigne sur la situation : le même tour leur a été joué. L'auteur de ce jeu peut être fier de sa réussite. Bienheureux les pauvres d'esprit.

Une autre fois on m'appelle à Jeune Bois, en pleine nuit, également pour des prunes. Il faut croire que la mentalité de certaines gens à l'égard du médecin est souvent « un poème » inspiré soit par la bêtise soit par la méchanceté.

Un autre jour on m'appelle auprès d'un enfant qui a de la fièvre et une angine. J'examine l'enfant sur la table de cuisine, la mère me le tenant. Le père lui, était assis à l'autre extrémité de la table et lisait tranquillement son journal en me tournant le dos. Non seulement il n'avait pas daigné me saluer quand je suis entré, mais il ne semblait même pas s'intéresser à ce qui se passait et m'ignora complètement. Comment alors attendre une reconnaissance, si même la politesse la plus élémentaire vis-à-vis du médecin fait défaut.

J'ai aussi vu des gens pour qui j'ai passé des nuits sans sommeil et sur le cas de qui je me tracassais beaucoup, et qui m'ont plus tard laissé froidement tomber et ne me saluaient même plus.

Mais j'ai aussi vu mourir des patients qui, de leur vivant, considéraient autrui, y compris le médecin, comme quantité négligeable. Ils étaient durs avec leurs concitoyens, arrogants et fiers de leur réussite sociale et pécuniaire. Mais, à ce moment, à l'heure fatale de leur destin, revoyaient-ils en un retour subit sur eux-mêmes, face à la mort qui les regardait de près cette fois, toutes les parties de plaisir de leur existence ? Ils étaient à ce moment semblables aux faibles, aux déshérités, aux abandonnés, aux petits, aux obscurs.

Pendant mes 35 années de pratique médicale dans le Bassin Potassique et les localités attenantes, j'ai soigné des familles de toutes les origines : algériennes, allemandes, autrichiennes, marocaines, tunisiennes, turques, espagnoles, italiennes, hongroises, lithuaniennes, polonaises, portugaises, suisses, vietnamiennes, sénégalaises, roumaines, yougoslaves, cambodgiennes, etc.

Généraliste

De nos jours, les devoirs du médecin praticien sont beaucoup plus étendus qu'avant la guerre. En notre qualité d'intellectuels, nous devons voler et planer au-dessus des mers vers des continents nouveaux, avec cette conviction de ne jamais les atteindre, avec uniquement cette consolation dans le cœur que d'autres oiseaux voleront plus loin.

Le médecin d'aujourd'hui est placé dans un monde vacillant d'incertitudes. Il doit être ami et sauveur, guide et directeur. Un profond attachement au mysticisme, à l'occultisme, à des croyances religieuses déséquilibrées, la recherche d'une solution à des problèmes les plus divers, l'échec ou la dérobade vis-à-vis des devoirs quotidiens de la vie, entraînent de plus en plus de perturbations morbides dans l'organisme. On erre à la périphérie et l'on n'est plus capable de retrouver le centre qui est la vie.

Le médecin d'aujourd'hui a besoin d'un sixième sens pour pouvoir décider rapidement et sûrement de la prédominance ou des changements organiques ou des perturbations psychiques. Pour être vraiment ami et conseiller des malades qui nous sont confiés, nous devons, en dehors de notre savoir scientifique, tenir compte des tendances religieuses, morales et culturelles de notre siècle. Beaucoup ignorent que nous, médecins, avec chaque regard, chaque mine, que nous prenons, avec notre démarche, avec la façon d'ouvrir la porte de la chambre du malade, nous faisons déjà de la psychothérapie.

Seul a la vocation de médecin celui qui est conscient que par sa simple façon de parler, la sûreté et le calme de son attitude, sa façon simple de discuter avec le malade intérieurement agité, il donne à ce dernier l'impression qu'il ne prend pas la chose au tragique et le met en confiance.

Car, être médecin, signifie être artiste, ce qui signifie dans ce cas, non seulement posséder des connaissances anatomiques et physiologiques, mais vivre l'homme dans son entité comme un être et le comprendre dans sa situation dans le monde.

Dans notre monde moderne tout a évolué et continue à évoluer continuellement. Cependant, en ce qui nous concerne directement on peut dire d'une façon générale qu'il y a indiscutablement un affaiblissement de l'image du médecin dans notre société, ainsi qu'un affaiblissement du pouvoir médical.

De nos jours le médecin doit continuellement se recycler. En 1946, au début de mon installation on ne pouvait guère se tenir au courant de toutes les nouveautés médicales, surtout quand on songe au métier harassant que fut le nôtre. Plus tard, par suite du nombre augmentant des confrères et de l'arrivée des cours de perfectionnement postuniversitaires, cela allait déjà beaucoup mieux.

Il faut dire aussi, que dans le temps, notre métier était plus facile à exercer, quand je pense aux médecins de ma jeunesse que l'on considérait pourtant comme des savants. Les anciens médecins, souvent, croyaient tout savoir, comme Arias qui avait tout vu, tout lu, tout entendu et qui fut dès lors un homme universel. Ils avaient à leur disposition un arsenal de connaissances qu'ils pensaient intangibles : ils y puisaient sans hésitations.

Aujourd'hui, parce que nous sommes mieux instruits, nos scrupules sont plus grands à chaque fois que nous devons établir un diagnostic. Faut-il soigner sur place ou envoyer à l'hôpital ? Faut-il envoyer au spécialiste ou le faire venir ? Le médecin hésite, il voudrait tout faire lui-même, sur place, mais il a peur en même temps de n'en pas savoir assez long et de passer à côté d'un cas réservé au spécialiste ou encore, d'être éventuellement poursuivi par la justice.

Dès qu'une maladie sort quelque peu de ses formes classiques, le praticien campagnard doit faire un choix délicat. Notre destin à tous, compagnons médecins, sera, à côté de la noblesse de notre état, l'aspect tragique de notre métier, et souvent la précarité de nos réactions aux trahisons du sort. Nous aurons à souffrir, à éprouver des déboires, à nous imputer (innocent ou non) la responsabilité d'imprévisibles catastrophes. Cette loi cruelle est cependant nécessaire à la grandeur de notre état.

ORDRE NATIONAL DES MÉDECINS

60.Bd DE LATOUR-MAUBOURG-PARIS.7e

No 33280 Série CK

Mr le Docteur Gaston WEBER

Né le 21.2.1914

à Mulhouse/Ht.-Rh.

Résidant à MULHOUSE

Hôpital du Hasenrain

Est inscrit au Tableau du Collège départemental de l'Ordre des Médecins du Haut-Rhin

Sous le N° 170

N° 1946

Le Président du Conseil du Collège départemental

Le Président du Conseil National de l'Ordre:

Signature du Titulaire:

En 1946, au début de mon installation
on ne pouvait guère se tenir au courant de toutes les nouveautés médicales.

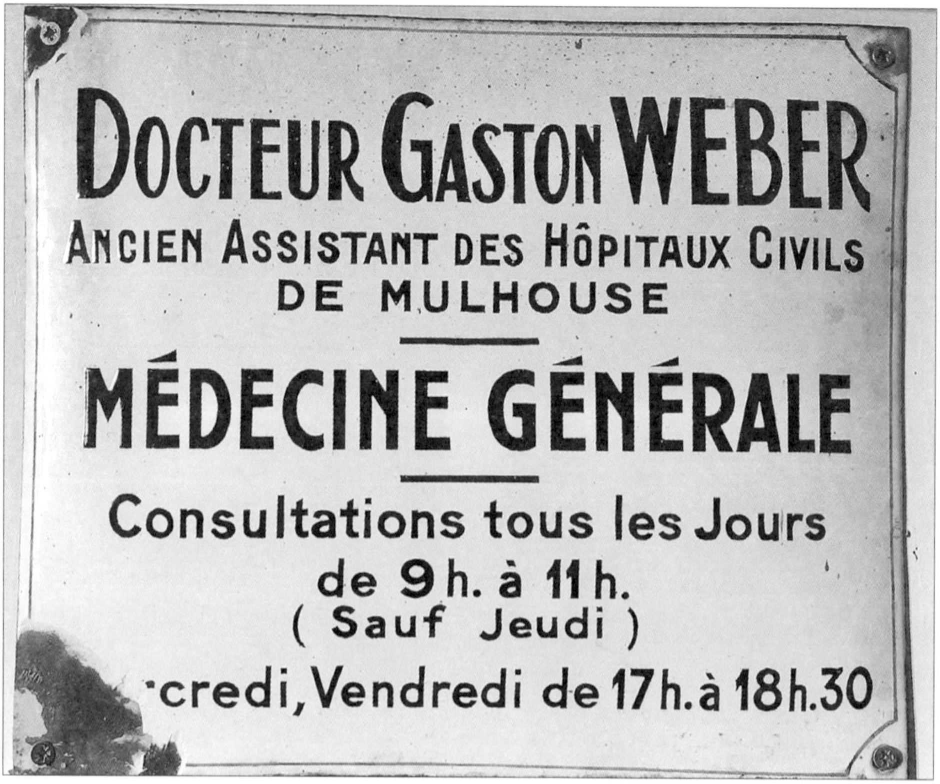

Depuis les années 50, nos concitoyens réclament de plus en plus d'être informés sur les problèmes scientifiques et spécialement médicaux. Les articles médicaux affluent ainsi de plus en plus dans la grande presse, qui accorde une grande importance, surtout, aux sujets en vogue ou sensationnels.

Les médecins eux-mêmes sont pris dans cet engrenage, le médecin est sollicité pour donner son avis. Une fois qu'il a délivré son message, le médecin en perd le plus souvent le contrôle. Les propos peuvent être détournés, une information peut être mal comprise, son sens modifié, mal interprété.

La divulgation de traitements incertains ou très particuliers encourage la quête désespérée de malades ou de familles. Avec la multiplication régulièrement croissante des articles médicaux dans la grande presse, les règles déontologiques de la profession se trouvent malmenées. Par exemple, le manquement au secret professionnel quand il s'agit de personnalités publiques s'est beaucoup généralisé. Actuellement, dans la vulgarisation médicale, les thèmes les plus fréquemment traités sont la sexualité, la diététique, les conseils de beauté, les soins du corps, les moyens de ralentir le vieillissement, les médecines douces et parallèles. On parle aussi de cancers, de troubles gynécologiques et autres, mais aussi des vastes horizons de la « médecine de demain », ouvrant la porte à l'immortalité. Ce sont des aspects hédonistes, teintés d'une conception « rousseauiste » de la bonne nature.

La vieille école avait avec ses patients une sorte de complicité, une relation tout à fait intime qui était la base même de la confiance qui existe entre le malade et le médecin.

Maintenant, on ne croit plus autant à l'infaillibilité du médecin. On veut guérir tout de suite. Toute fièvre qui ne tombe pas instantanément, toute affection qui ne guérit pas tout de suite est mise au compte de l'impuissance ou de l'insuffisance du thérapeute. On n'a plus aucune patience. Le malade exige maintenant des examens sophistiqués, des radios pour tout, le scanner et bientôt l'IRM, de même que des examens biologiques parfaitement inutiles et très coûteux. De même sont exigées les dernières spécialités, antibiotiques ou autres, qui soi-disant « guérissent tout ».

La légitime précipitation du malade à bénéficier des progrès de la médecine est louable en elle-même. Mais elle est d'autant plus irraisonnée et lancinante que leur ignorance intrinsèque n'a guère varié depuis des lustres. On apprend le Larousse médical et autres publications de propagande médicale par cœur pour pouvoir discuter médecine et se gaver de mots savants. Tout le monde sait que l'Art de la Médecine, comme la prostitution, sont les plus vieux métiers du monde : tout le monde croit être médecin et sait donner des conseils thérapeutiques !

La technique envahit l'exercice quotidien du médecin. Tout à la fois fascinante et redoutable, elle prend une place de plus en plus considérable.

Pour se tenir au courant de toutes les nouveautés médicales qui se succèdent à un rythme toujours plus rapide, on peut vite se sentir dépassé. La médecine dans son ensemble a pris un tournant, et même la clinique qui guide la médecine risque de capituler devant le Laboratoire.

Dans l'enseignement de la Médecine actuelle la Psychologie n'a pas assez de place. Trop de médecins ne voient pas le malade comme un tout. La sante est un état de bien-être physique, psychique et social. Tout malade doit être écouté.

Qui de nos jours n'est pas stressé, n'a pas de problèmes du corps et des souffrances de l'âme ? Le Stress est l'ennemi qui préside à la naissance de chaque maladie. « Le stress est le Cancer de l'âme. »

D'un autre côté, toute cette propagande médicale risque d'engendrer des malades imaginaires, des hypochondriaques qui sont des personnes excessivement préoccupées par leur santé. Ils demandent constamment des soins et de l'attention. Malgré des investigations médicales négatives et répétées, ils gardent la conviction d'être malades. Ils embrassent « la carrière de malade » comme si elle était leur unique vocation. Il ne faut néanmoins pas minimiser ce genre de patients. Il faut les garder à l'œil, même s'ils constituent une « plaie » pour le médecin traitant. Car n'oublions jamais, que, comme un train peut en cacher un autre, on peut à la longue quand même être confronté à une affection sérieuse. On exige du médecin une maitrise technique parfaite mais pas une maitrise humaine. Or, l'une est aussi importante que l'autre.

Conclusion

En prenant ma retraite en 1981, et j'aurais pu la prendre déjà avant, je ne regrette rien. J'ai l'impression, dans ma situation, que j'ai fait ce que j'ai pu. Peut-être, et ceci compte tenu des circonstances (guerre, captivité, déportation), aurais-je pu faire une carrière médicale plus brillante, hospitalière ou universitaire, mais tout compte fait, malgré certaines mésaventures et désillusions, si c'était à refaire, je crois que je recommencerais.

Je dirais aussi que je ne regrette pas ce changement brutal de ma vie, ce tournant qu'est la retraite. Si je pense à la conjoncture et à l'avenir, ainsi qu'au manque de reconnaissance des gens qui deviennent de plus en plus exigeants, la Retraite pour moi constitue plutôt « une libération ».

La vie active ne prend pas forcément fin avec la vie professionnelle. On peut avoir une vie active au ralenti et qu'on se forge soi-même sans être toujours harcelé et harassé par la Société et surtout sans être, ô combien important, toujours « l'éternel Responsable ».

J'arrête ici les souvenirs de ma vie passée. J'ai écrit ce qui précède simplement, comme je l'aurais conté. Quand je regarde derrière moi, ma vie me parait assez heureuse malgré certains coups du destin et certaines désillusions qu'il faut savoir accepter, sans envie, sans jalousie. « C'est un grand bonheur que de savoir goûter celui qu'on a. » (Saint Simon).

Les circonstances m'ont fait vivre dans les milieux les plus divers, avec l'humanité la plus humble et avec d'autres mieux situés. Tout a été cependant pour moi un enrichissement et a contribué à former le « petit médecin de Campagne » que j'étais, avec une certaine idée de la vie.

Et je pense que la « Médecine Générale », comme elle se présentait avant et tout de suite encore après-guerre, aux temps héroïques d'alors, plus que toute autre pratique, nous a permis de vivre intensément et de sentir les beautés et les drames de notre métier.

Course de la Vie - Curriculum Vitae.

Tel le bouton floral, naît la Vie à la conception
Pulsant le « Fruit » flotter dans les eaux maternelles
Pour jouir en zombie insouciant et charnel
Dans l'espoir d'une future et heureuse éclosion.

Finis alors les rêves de la vie aquatique,
Il faudra s'adapter et découvrir la Terre
Qui n'est, hélas, pas toujours bonne mère
Et encore moins romantique.

Devenu « enfant », jovial et épanoui
Tu es propulsé dans un monde nouveau
En Homme intact, entier
Non encore usé ou abîmé.
Là commence ta seconde Vie
Pas toujours de tout repos.

« Adulte », il faudra trimer pour vivre,
Pour avoir ce qu'on mérite ;
Certains jours nous enivrent,
D'autres nous dépitent.

Affronte l'existence pleine d'espoir !
La nature se charge de l'équilibre,
Ton courage ne devra jamais choir
Pour trouver la troisième Vie, libre

Et plonger dans l'Eden temporaire
De la Retraite et du Troisième Âge
Où, souvent on ne sait que faire
Si on ne se met pas à la page.

Tu pourras méditer en, silence
Si la vie a vraiment un sens ?
Qu'a fait la Nature de notre existence ?
Honni soit qui mal y pense !

Mais cet âge peut être ingrat
La machine peut rouiller avant l'heure

La chute peut venir à pattes de chat
Emportant Vie et Bonheur.

Le « Coup de Vieux » ouvre ses urnes
D'où mémoire et vigilance s'esquivent,
Où déprime et déclin sont convives
Et où règne la somnolence diurne.

Adieu, alors Neurones et Dopamine,
Cortex parsemé de plaques séniles.
Le vieillissement nous domine,
De vif nous voilà, à présent, stérile

Que reste-t-il du pèlerinage sur Terre,
Où naissances et morts se côtoient ?
La Société des Hommes n'est pas de fer,
La hantise de la Mort garde toujours son poids,
Mais la finitude sera aussi toujours pareille,
Dans les bras de Morphée, pour l'éternel Sommeil !

Mars 1987
Dr Gaston Weber

Table des matières

Dépot légal : 4ème trimestre 2023
Achevé d'imprimer en UE
le 20 novembre 2023.